KiWi PAPERBACK

1081

Das Buch

Staatsbesuche, Galaempfänge und Wer-wird-Millionär-Gucken im Élysée-Palast: Alles könnte so schön sein. Wären da nicht die Presse, die jedes Nacktfoto zur Staatsaffäre aufbläht, Cécilia, die alte Krähe, die ständig wegen Erziehungsfragen ihren Ex anruft, und der Möchtegern-Casanova Jean, Sarkozys Sohn aus erster Ehe. Das ist manchmal sehr *pénible*.

Als seien das der Widerstände gegen das junge Glück nicht genug, kann Eric (Clapton) das Jammern über seine verlorene Liebe nicht lassen, denken sich die PR-Strategen täglich neue Schikanen für die Première Dame aus: auf dem Großmarkt Hände schütteln (morgens um fünf!), sich mit Marmelade verschmierten Gören fotografieren lassen und ständig in diesen dämlichen Ballerinas rumlaufen!

Zum Glück ist Carla nicht ganz allein: Benjamin (Biolay), Freund aus alten Tagen, hält immer einen Joint bereit, und der schmachtende Gärtner lässt sich auch nicht vom Geheimdienst in die Flucht schlagen. Und auch aus Deutschland kommen gute Nachrichten: Sie soll den Ehren-Bambi bekommen für ihren Mut, gegen alle Widerstände zu ihrer Liebe zu stehen. Jetzt muss sie es nur noch hinbekommen, dass ihr *petit Pygmée*, wie sie ihren Ehemann nennt, nicht ständig die Fassung verliert.

Das geheime Tagebuch der Carla Bruni ist die komischste Liebesgeschichte des Jahres.

Die Autorin

Silke Burmester ist Journalistin und lebt in Hamburg. Sie schreibt über Medien, Kultur und Gesellschaftspolitik für einige hochseriöse, manche nützliche und ein paar gänzlich überflüssige Zeitungen und Zeitschriften, darunter Financial Times Deutschland, Geo Saison und Stern. Ihre Kolumne »Das geheime Tagebuch der Carla Bruni« erscheint jede Woche in der taz.

Silke Burmester

Das geheime Tagebuch der Carla Bruni

Kiepenheuer
& Witsch

Bildnachweis
pictures-alliance/dpa: S. 9, S. 21, S. 41, S. 93, S. 149, S. 169, S. 185, S. 201
REUTERS/POOL New: S. 59, S. 75, S. 111
ullstein bild – Reuters: S. 131

2. Auflage 2008

Umschlaggestaltung: Barbara Thoben, Köln
Umschlagmotiv: © Andy Rain/epa/Corbis
Gesetzt aus der Stempel Garamond und der Bradley Hand ITC
Satz: Fotosatz Reinhard Amann, Aichstetten
Druck und Bindung: CPI – Clausen & Bosse, Leck
ISBN 978-3-462-04066-1

Dem Spirit von planet pussy gewidmet

November

Ich (noch frei)

Donnerstag, 15. November

Mein Gott, hab ich einen Schädel. Ich glaub, die kleine Carla war gestern mal wieder etwas maßlos. Wie ich die auch hasse, diese Immer-wieder-nachfüll-Kellner. Da kann ja kein Mensch Maß halten. Na, auf jeden Fall war es ein sehr lustiger Abend. Jacques Séguéla, der Gott! der PR, hatte zum Diner eingeladen. Kleiner Kreis, zehn Leute. Ich war mit Denis zusammen hingegangen. Der will immer noch was von mir, aber das ist wieder die Sorte, bei der man vorher weiß, was kommt. Das reizt mich einfach nicht.

Na egal, jedenfalls war der einzige Single außer mir ausgerechnet der Staatspräsident! Und ich glaube, das war Absicht. Ich habe drei, vier Lieder gesungen, darunter auch *Kleiner Mann, was nun?*, und ich glaube, er hat sich direkt angesprochen gefühlt. Jedenfalls ist der ganz schön rangegangen. Wie auf Kommando. Der wird wirklich nicht umsonst Speedy Sarko genannt. Er war aber auch echt süß. Ist ja eigentlich ein bisschen klein für mich und normalerweise kann ich solche Emporkömmlinge, die ihre Position dazu missbrauchen, ihre Minderwertigkeitskomplexe in Aggression gegen Schwache umzumünzen, auch nicht leiden. Hab ja schon ein paarmal gegen den Mist protestiert, den er verzapft. Das kleine Präsidentchen war so privat aber ganz anders. Er sieht auch viel besser aus als auf den Fotos. Viel männlicher. Er hat so etwas Knurriges, das im Gespräch ganz sanft wird. Weich und geschmeidig war er und dabei sehr nonchalant. Hat sich gleich als Fan meiner Musik zu erkennen gegeben, wobei er die Platte mit der letzten von Edith

Piaf verwechselt hat, die ja immerhin schon einige Jährchen unter der Erde liegt. Das war etwas peinlich, ich habe aber so getan, als hätte ich nichts bemerkt, und gesagt, wie sehr mich das ehre, einen so hochrangigen Zuhörer zu haben. Das kleine Lob hat ihn so gefreut, dass er wie blöd zu plaudern begann und sich um Kopf und Kragen geredet hat. Der Schussel hat doch glatt erzählt, dass es eigentlich Cécilia, seine Ex, war, die die CD gehört hat, und dass er sie nur kenne, weil sie immer sonntags beim Brotbacken lief. Das fand ich etwas deppert von ihm. Ich glaube, in Sachen Höflichkeit braucht er noch ein wenig Nachhilfe ... Er war aber ansonsten sehr, sehr süß, und wir haben uns absolut blendend unterhalten. Wir haben ja so viele gemeinsame Bekannte! Um ehrlich zu sein, ich bin gleich auf sechs von seinen Freunden gekommen, mit denen ich was hatte. Das habe ich ihm aber nicht erzählt. Im Gegensatz zu ihm habe ich meine Hausaufgaben in der Flirtschule gemacht. Ansonsten aber war er ganz reizend und zuvorkommend und hat mich, glaube ich, nach Hause gebracht. Oh Gott, ich weiß überhaupt nicht mehr, wie ich nach Hause gekommen bin. Meine Güte, muss ich voll gewesen sein! Ich hoffe, ich hab ihm nicht in den Wagen gekotzt. Ich muss gleich Jacques anrufen und fragen, ob mein Auftritt o.k. war. Ich kann mich an nichts mehr erinnern, das nach 23 Uhr passiert ist.

mittags

Habe eben mit Jacques telefoniert. Er hat gesagt, ich sei total süß gewesen, ein wenig beschwipst und sehr unterhaltsam. Mir ist jetzt auch eingefallen, dass ich in der Küche mit dem Personal ein kleines Tütchen geraucht habe. Keine Ahnung, was da drin war, dass ich so einen Filmriss habe. Jacques jedenfalls sagt, Nicolas sei total begeistert von mir. Er hat heute schon bei ihm angerufen und sich für die Einladung bedankt. Und ja, er hat mich nach Hause gefahren, und jetzt, liebes Tagebuch, halt Dich fest: im Präsidentenauto! Ich bin im offiziellen Élysée-Mobil nach Hause gerollt. Wohl auch ganz brav, ohne Sauerei. Jacques sagt, ich hätte Nicolas – ich hab ihn wohl immer »mein kleiner Präsident« genannt – sogar gefragt, ob er noch auf einen Kaffee mit hochwolle. Wie peinlich, dass ich mich nicht einmal mehr daran erinnere. Aber er hat wohl Nein gesagt, »nie beim ersten Mal«. Ist, glaube ich, doch ein ziemlicher Spießbürger. Ein Emporkömmling eben. Aber ein süßer.

15 Uhr

Stell Dir vor, liebes Tagebuch, eben will ich aus dem Haus, Frühstück holen, da fährt gerade ein Blumenauto vor. Einen riesigen Strauß roter Rosen hat es gebracht – »Zum Dank für wunderbare Augenblicke an einem wunderbaren Abend, Nicolas«. Und als wäre das nicht genug, gibt es ein PS: »Darf ich hoffen, Sie wiederzusehen?« Ich habe eine Rose aus dem Strauß gezogen, das Kärtchen genommen, drauf geschrieben: »Sie dürfen, mein kleines Präsidentchen« und dem Boten die Blume gleich wieder mitgegeben. Ich hoffe aber, er meldet sich nicht so schnell, ich bin die nächsten Tage komplett ausgebucht.

Freitag, 16. November

Natürlich hat er sich gleich gemeldet. Hat mir durch seinen Fahrer eine Nachricht bringen lassen. Wie wunderbar altmodisch! Hab ihn heute im Fernsehen gesehen, es ging noch mal um seine sich selbst verordnete Gehaltserhöhung von 172 Prozent. Als Linke, als Kaviarkommunistin, als Austernsozialistin, quasi als Hummermarxistin, finde ich das schon ein wenig dreist. Ich glaub, ich lass ihn jetzt doch mal etwas zappeln.

Dienstag, 20. November

Hab mir beim Rasieren ganz fies in die Wade geschnitten. Ich hoffe, es entzündet sich nicht.

Vincent, mein aktuelles Date, fängt langsam an, lästig zu werden. Seine Besitzansprüche gehen mir zunehmend auf die Nerven. Habe für heute eine Einladung von Laurent zugesagt, den ich neulich bei Calvin Klein kennengelernt habe. Charmanter Typ, macht mich jetzt nicht wahnsinnig heiß, aber zum Treffen reicht's.

Mittwoch, 21. November

Hupsadaisy, wieder eine Kerbe mehr im Holz. Hat sich aber gelohnt. Etwas zügellos, der junge Mann. Ganz wie ich es mag.

Habe beim Nachhausekommen eine Orchideenblüte mit einer Karte vor meiner Türe gefunden. »Würde Sie gern zu einem zwanglosen Dîner einladen. Mein Fahrer holt Sie ab, Freitag, den 23. November, 20 Uhr. Ihr Nicolas.« Ich wollte Freitag eigentlich zu Pierres Ausstellungseröffnung nach Nancy fahren, denke aber, ich kann das absagen. Schließlich kommt nicht jeden Tag ein Präsident vorbei.

Donnerstag, 22. November

Heute ist mir etwas Eigenartiges passiert. Ich gehe die Avenue de Hollande entlang und komme plötzlich an einem Geschäft für Fernseher vorbei. Durch das Schaufenster sehe ich Nicolas auf einem der Bildschirme. Ich kann nicht hören, was er sagt, weil ja das Glas zwischen uns ist. Aber ich bin augenblicklich ganz, ganz tief berührt. Ich blicke in dieses Gesicht, und es fährt wie ein Blitz in mich hinein, und ich denke »Nicolas!«. Ich habe nicht wieder so garstig »kleiner Präsident« gedacht oder »reaktionärer Bock«, sondern »N I C O L A S!«. Ich sehe, wie er zu mir spricht, wie seine Lippen die Worte formen, wie seine Augen leuchten, seine Brauen sich heben, das Kinn sich strafft, die Adern auf seiner Stirn pulsieren, der Haaransatz vorzuckt und wieder zurück, die Ohren glühen, wie er voller Inbrunst für seine Überzeugung eintritt, seine Hände jedes Wort unterstreichen – und meine Gedanken werden ganz sanft. Es ist, als würde ich sagen: »Ja, Liebster!«

Und das, mein liebes Tagebuch, geht ja nun echt zu weit. Ich bin ja gern bereit, mich zu verlieben, und habe auch kein Problem damit, wenn meine Begierden häufiger wechseln, als das Personal meine Blumen gießt. Auch habe ich mich bislang nicht besonders angestellt, was das Alter, das Aussehen und den Familienstand anbelangt. Und ich will gar nicht daran denken, es war schon mancher Kandidat dabei, der die Frischetheke nicht mehr passieren dürfte, aber *das* will ich nun bestimmt nicht. Ein reaktionäres Männlein, das seinen nicht vorhandenen Background durch Eifer wettmacht, das sich eitel, mit billigen populistischen Forderungen, Ignoranz und Menschenverachtung nach oben schleimt und scheißt. Das mit den Händen fuchtelt, das grimassiert, als mache es Sprechübungen in der Schauspielschule. Nein, nein, nein, das will ich alles nicht – und doch – ich glaube, es hat mich schon. Anders kann ich es nicht deuten, dieser Pfeil der mich durchbohrte, als ich das reaktionäre Männlein im Fernsehen sah, mit der Scheibe zwischen uns.

Freitag, 23. November

Maman hat angerufen. Irgendwie hat sie spitzgekriegt, dass ich den Präsidenten date. Es ist die Pest. Ich glaube, ich könnte auf dem Mond leben, und sie wüsste, was ich tue. Ich habe unter dem Vorwand, ich müsste mit Aurélien zum Kinderarzt, aufgelegt. Die kann ich nun heute gar nicht gebrauchen. Ich bin ehrlich gesagt schon kirre genug wegen heute Abend. Dumm nur, dass ich nicht daran gedacht habe, dass mein Söhnchen ja bei ihr ist, schließlich hatte ich sie gebeten, es aus dem Internat abzuholen, was sie unter Murren gemacht hat (Maman meint, man könne Aurélien auch in den Zug setzen, aber ehrlich gesagt, ich finde, für einen Sechsjährigen ist das ein wenig viel verlangt, vier Stunden allein mit dem Zug zu fahren. Zumal, wenn jeder von uns einen Fahrer hat, der doch bestimmt froh ist, wenn er mal aus Paris rauskommt). Also auf jeden Fall ist sie jetzt vollkommen hysterisch, weil sie meint, mir gute Ratschläge geben zu müssen. Aber ich denke, einen Präsidenten krieg ich auch noch alleine hin. Ich habe schon ganz andere Nüsse geknackt.

Sonntag, 25. November, 17 Uhr

Ich bin gerade erst nach Hause gekommen. Sozusagen mit dem Samen des Präsidenten von Frankreich im Gepäck. Es ist so ein unfassbares, so ein berauschendes Gefühl! Das hatte ich ja noch nie. Ich hatte unter anderem ja schon Musiker und Fotografen, Feuerwehrmänner, Doktoren, Architekten und Kameramänner, Feinkosthändler, Galeristen, Bildhauer und drei Maler, Verleger, einen Yoga-Lehrer, Abgeordnete, Fliesenleger, Moderatoren, ach ja, und Philosophen natürlich und vielleicht den ein oder anderen Diplomaten, sogar ein Premierminister war dabei, aber einen Mann mit Atommacht, den Herrscher über ein Land, einer, der die Raketen abschießt, hatte ich noch nicht. Ich fühle mich fast ein bisschen allmächtig. Es ist, als trüge ich die Kraft Frankreichs in mir. Also, um es kurz zu machen: Es war der Hammer. Und ich werde jetzt – entgegen meiner sonstigen Neigung – nicht erzählen, wie es war und wie es dazu kam. Dass er mir wie von Sinnen das Kleid hochgeschoben hat, dass ... Es war einfach wunderbar, ich bin sehr verliebt und denke, wir sind zusammen. Ich geh jetzt schlafen. Ich glaube, das habe ich nötig.

Apropos nötig, unnötig: Eric, die alte Gitarre Clapton, ist mal wieder auf dem AB. Ob wir uns nicht mal treffen wollten. Nein, das wollen wir nicht. Wann kapiert der das endlich?

Montag, 26. November
kurz nach 8 Uhr

Der Bote hat eben geklingelt und mir ein wunderbares Bouquet von Veilchen und weißen Wicken gebracht. Es war aber leider nicht von Nicolas, sondern von Fabien, mit dem ich mich morgen treffe. Er wollte mich an unsere Verabredung erinnern. Das war recht schlau von ihm, denn ehrlich gesagt, ich weiß nicht, ob ich daran gedacht hätte. Trotzdem bin ich etwas enttäuscht, dass die Blumen nicht von Nicolas sind. Ich finde, er hätte ruhig mal was schicken können. Immerhin aber haben wir gestern Abend noch drei Stunden lang telefoniert. Obwohl er nebenbei noch ein Dekret zur Abschiebung vorbereiten musste. Der Mann ist wirklich omnipotent.

Abends

Ornella, meine alte Agentin, hat sich gemeldet. Die Plattenfirma fragt an, ob man nicht eine neue Platte produzieren soll. Liebes Tagebuch, das ist super! Ich habe mich ja kaum getraut, da noch mal anzuklopfen, nachdem die letzte Platte so lahm lief. Aber wenn die jetzt kommen, ist das toll! Im Februar soll die Produktion losgehen, was eigentlich klasse ist, denn ich habe ja schon einige Stücke fertig. Aber ehrlich gesagt, ausgerechnet jetzt! Ich hätte die nächsten Wochen gern etwas anderes vor ... Ich meine, ein Präsident kommt selbst mir nicht täglich vor die Flinte.

Apropos, mein kleiner Präsident musste heute irgendwohin fahren. Hab ich schon wieder vergessen. Er schickt mir jede Stunde eine SMS, total süß. Mir passt es aber ganz gut, dass er nicht da ist, so kann ich heute Abend noch mal Laurent treffen.

Mittwoch, 28. November

Hab mir heute die ersten Ballerinas meines Lebens gekauft. Schuhe, die eine Frau klein machen – so eine Schwachsinnserfindung! Das kann sich doch wieder nur ein Franzose ausgedacht haben. Waren ja alle solche Wichte, die großen Modeschöpfer, Dior und Konsorten. Drei Paare habe ich genommen. Eines in Schwarz – geht immer, eines in Bleu – passt zur Jeans, und eines mit Swarowski-Steinen für den Abend. Ich hoffe, mein Galan genießt und schweigt. Ich würde ungern darüber reden. Ist schon blöd genug, dass ich beim Küssen ständig nur seinen Haaransatz erwische.

Dezember

Zwei + zwei für die Ewigkeit

Sonntag, 2. Dezember

Nein, liebes Tagebuch, ich habe Dich nicht vergessen. Aber es ist so viel los dieser Tage. Jeder einzelne Moment ist es wert, aufgeschrieben zu werden, denn jeder einzelne ist ein leuchtender Stern am Himmel meines Lebens! Nici, ich nenne ihn jetzt Nici, möchte, dass wir heiraten. Das ist ja nicht der erste Heiratsantrag meines Lebens, wahrlich nicht, aber ich war noch nie so kurz davor, denn wenn ich es recht bedenke, war es ja Liebe auf den ersten Blick. Schon damals, 2005, als ich den Protestmarsch der Kärcher-Kinder angeführt habe, jener hoffnungslosen Jugendlichen, die Nicolas als Innenminister mit dem Hochdruckgerät »wegkärchern« lassen wollte, und wir uns für einen winzigen Augenblick gegenüberstanden, er auf dem Balkon, ich unten in der Menge, habe ich gedacht: »Welch ein Mann! Wie unglaublich süß und sexy …« Auf jeden Fall komme ich momentan zu nichts. Aurélien kommt im Internat nicht klar, darum muss ich mich kümmern, ich muss meine Termine koordinieren – Nici und ich nehmen jede Gelegenheit, jede Plenarpause, jede Wartezeit auf dem Rollfeld wahr, uns zu sehen, da geht es bei mir natürlich drunter und drüber. Außerdem spricht sich langsam rum, dass wir zusammen sind. Gott und die Welt ruft mich an, vor allem Eric. Ständig.

Nici hat mich gebeten, von nun an monogam zu sein. Auch ihm ist mein Leben nicht verborgen geblieben. Ich finde das ja eigentlich ziemlich doof und vom Ansatz her auch falsch. Aber ich kann es verstehen und habe es ihm auch zugesagt. Versuchen kann ich es ja mal. Ich habe für alle aktuellen Herren heute Nachmittag eine Stunde reserviert, in der ich sie anrufe. Speed-Quitting.

Heiraten will ich aber trotzdem nicht. Ich finde, das ist der Zugeständnisse zu viel. Ich habe noch so viel vor im Leben, da werde ich mich doch nicht festlegen. Da kann ich mich ja gleich lebendig begraben! Nein, nein, nein, seine Hochzeitspläne macht der mal schön ohne mich! Aber das sage ich ihm jetzt nicht. Wer weiß, wie lang sein Interesse dauern würde, wüsste er, dass ich seinen bürgerlichen Quatsch verweigere.

Nächstes Wochenende wollen Nici und ich zusammen in La Laterne, seiner Residenz in Versailles, verbringen. Ich finde, für den Anfang ist das schon mal ein ganz passender Rahmen. Muss ja nicht immer Frankreich bleiben … Man kann ja auch mal in die Schweiz oder nach St. Barth.

Dienstag, 4. Dezember

Eben rief mich Maman an. Triumphierend! Nici hat auch sie nach La Laterne eingeladen und sogar Aurélien kommt mit. Ich bin außer mir! Was denkt dieser Zwerg sich?!? Bin ich jetzt Staatseigentum, oder was? Der Gute kann jetzt gleich mal Bekanntschaft mit einer Carla machen, von der ich nicht sicher bin, ob er sie heiraten möchte!

Donnerstag, 6. Dezember

Alles wieder gut. Er hat um Verzeihung gebeten, und ich habe sie ihm gewährt. Natürlich nicht ohne Gegenleistung! Er musste mir abends im Bett aus Musils *Der Mann ohne Eigenschaften* vorlesen. Vorlesen ist leider nicht so seine Stärke, ich habe nur die Hälfte verstanden, weil er so eigenartig betont. Also völlig sinnfremd. Dafür hat er andere Stärken. Die habe ich gleich ergriffen. Es war herrlich! Jedenfalls so lange, bis sein depperter Berater vor der Tür stand, um irgendwelche Böller-Beschlüsse für die Vorstädte zu Silvester vorzulegen. Danach war irgendwie die Luft raus. Es war, als wäre sein Pulver feucht geworden. Ich glaube, langfristig sollten wir Bett und Politik strikt trennen. Und eines noch, liebes Tagebuch, will ich unbedingt loswerden: Ich bin endlich, endlich verliebt. Das spüre ich. Ich meine, so richtig. Ich glaube, das bleibt. Das habe ich natürlich schon öfter gesagt, aber dieses Mal ist es etwas anderes. Bestimmt.

Freitag, 7. Dezember

Heute Morgen habe ich ihm die Eier aufgeschlagen. Das kann ich gerade noch. Sonst habe ich es mit dem Kochen ja nicht so, aber das bekomme ich gerade noch hin. Und ich finde, das ist das Mindeste, das eine Geliebte nach einer Nacht intensiver Kräftevergabe tun kann. Wir hatten aber auch einen wunderbaren Abend. Wie immer ließ Nici mich von seinem Fahrer abholen. Wir wollten im Thiou essen gehen. Als ich dieses Mal aber einsteigen wollte, war der gesamte Fond des Wagens voll mit Luftballons! Randvoll! Marc, der Fahrer, sagte, dass das schon seine Richtigkeit habe, und bat mich, einzusteigen. Als ich meine Handtasche ablegen wollte, stieß ich auf einen Gegenstand. Nici! Da hatte sich mein kleiner Präsident inmitten der Ballons versteckt! Das fand ich sehr, sehr lustig, und als wir im Restaurant ankamen, hingen überall die Reste der Ballons an uns, das war schon sehr komisch. Nach dem Essen sind wir zu mir gefahren, ja und heute Morgen habe ich meinem Schatz das Frühstück gemacht. Das hat sich ganz schön schön angefühlt. So wie bei einer richtigen Frau, so einer wie aus »Lassie«. So einer bürgerlichen, meine ich. Gar nicht so schlecht.

Heute Nachmittag fahren wir nach La Laterne. Ich hab vorher noch einen Termin bei Gaultier, ich brauch unbedingt ein paar Klamotten, die die Beine nicht so strecken. Eben hat Maman angerufen, ob sie lieber das Memory-Spiel oder die große Spielesammlung mitnehmen soll. Ich weiß ehrlich gesagt nicht, was das werden soll, bin aber unbedingt für die Spielesammlung. Memory ist nichts für Erwachsene. Da ist man nie so gut wie die Kinder. Nicht mal mit Schummeln.

Montag, 10. Dezember
mittags

Das Wochenende war gar nicht so schlecht. Meine Mutter kann echt nett sein, wenn sie will. Und sie will. Nämlich, dass ihre Tochter endlich unter die Haube kommt. »Sei gescheit, Carla. So eine Gelegenheit kommt nicht noch mal. Denk doch mal an deine Zukunft.« Ich bin so froh, dass ich diesen Wochenendkurs in buddhistischer Heilslehre gemacht habe. So konnte ich ihr sagen, dass die Zukunft unwichtig ist, dass ich ganz im Hier und Jetzt lebe, und das ausgesprochen glücklich.

Im Übrigen weiß ich nicht, was das soll. Ich meine, wenn sich jemand keine Sorgen um Geld machen muss, dann ja wohl ich. Allein meine Wohnungen und die Chagalls, die ich vom Modeln gekauft habe, sind rund 20 Millionen wert. Da ist noch nicht einmal eingerechnet, was ich von ihr noch erbe. Und es gibt genügend Männer, die in jeglicher Hinsicht mehr auf der Pfanne haben als dieser emporgekommene Zwerg. Das Einzige, was die anderen nicht haben, ist Herrschergewalt. Und das ist ja auch nur ein zeitlich begrenztes Vergnügen.

Natürlich hat sie sich damit nicht zufriedengegeben. Der Punkt ist nämlich der: Es geht nicht darum, dass *ich* Première Dame werden würde, es geht darum, dass *sie* die Präsidenten-Schwiegermutter wäre. Dann würde sie nämlich in ihrem Pudel-Club eine Marke setzen, die einfach nicht zu toppen ist. Es sei denn, jemand käme mit Putin oder dem amerikanischen Präsidenten daher. Und das ist ja wohl kaum zu erwarten, die will ja nun echt keiner haben. Es sei denn, Obama ist bis dahin dran. Dann wäre sogar ich dabei. Aber das kann ich mir ja noch mal überlegen. Bis dahin ist ja noch Zeit, und außerdem muss er erst mal die alte Schreckschrulle Hillary aus dem Weg räumen. Ich werde ein Heilsgebet für ihn sprechen, dann schafft er das schon (das wäre ja der Hammer, ich mit Obama ... Dafür würde Maman sogar

Sarko stehen lassen. Jedenfalls, wenn der amerikanische Präsident mehr Punkte bringt als der französische, im internen Pudel-Club-Ranking).

Am Abend

Ich bin ganz schön sauer. Eigentlich wollte Nici heute Abend kommen, aber wir haben uns gestritten, und nun sitzt er in seinem Palast und schmollt. Nici möchte, dass ich die Musik aufgebe. Zumindest vorübergehend. So lange wir zusammen sind. Also für immer. Ich habe ihm gesagt, dass das überhaupt nicht in die Tüte kommt und dass ich eher unsere Liebe fallen lasse als die Musik. Außerdem drängt er, dass ich zu ihm ziehe. Das sei viel praktischer. Ja, für ihn!, den alten Paprika-Chauvi. Ich weiß, das ist jetzt nicht p.c., aber ich finde, man wird ja wohl wenigstens in seinem Tagebuch mal so richtig unkorrekt sein dürfen. Also: Arbeiter-Winzling, Gulasch-Arsch, ungarischer Wichtel, Zu-früh-Kommer. Natürlich wäre das für ihn praktisch. So wie es für all die französischen Könige praktisch war, ihre Mätressen im Seitenflügel zu beherbergen – immer zu Diensten, wenn Gott nach Hause kommt, wenn die Sitzung mal zu langweilig ist. Meine fünf Freunde für sein Halleluja.

Außerdem glaube ich, dass seine Berater Druck machen. Das passt denen nicht in den Plan, dass der Präsident eine Freundin hat und keine Ehefrau. Apropos Ehefrau: Manchmal denke ich, dass er überhaupt nicht über seine Ex hinweg ist. Noch immer trägt er ein Foto von ihr in seiner Brieftasche (ich habe so getan, als ob ich es nicht gesehen hätte, mache das aber nicht mehr lange mit), und ständig telefonieren sie. Angeblich wegen des gemeinsamen Sohnes. Neulich aber hatte er ganz rote Augen. Da tat er mir einerseits furchtbar leid, andererseits ist das ja wohl das Letzte, dass er wegen der Krähe flennt, wenn ich im Nebenzimmer auf ihn warte. Wobei mich das, ehrlich gesagt, auch nicht wundert, dass er Cécilia nicht vergessen kann. Schließlich sieht sie aus wie ich. Oder ich wie sie. Ich habe Fotos in der Presse gesehen. Die Ähnlichkeit ist frappierend. Wie gut, dass ich nächste Woche einen Termin habe, das wird den Abstand zwischen uns angemessen vergrößern.

Jedenfalls ärgere ich mich, dass der Abend nun hin ist. Da hätte ich auch mal wieder Freunde treffen können. Wenigstens gibt es gleich *Notting Hill* im Fernsehen, dann mach ich mir halt einen schönen Abend allein.

Dienstag, 11. Dezember

Notting Hill war total bescheuert. Völlig langweilig. Und Julia Roberts ist absolut fehlbesetzt. Die hat gar keinen Star-Appeal. Ich weiß überhaupt nicht, warum wir den damals alle so toll fanden.

Nici hat eben angerufen. Er hat sich für gestern entschuldigt und gefragt, ob er vorbeikommen könne. Ihm geht es nicht gut. Ich glaube, er ist gerade ziemlich unten. Er muss einen unheimlich schlimmen Tag gehabt haben. Erst der ganze interne Ärger wegen des Gaddafi-Besuchs, und dann stellt dieser Wolf im Walla-Walla-Gewand mein Schäfchen auch noch vor der Weltöffentlichkeit bloß. Noch dazu als Gast in unserem Land! Sagt, nein, man habe nicht über Menschenrechte gesprochen, während Nici allen verkündet hat, man hätte konkrete Ziele festgesteckt. Das ist schon ziemlich fies, und mein kleiner Präsident tut mir aufrichtig leid. Ich bin froh, dass er gleich kommt und ich sein kleines Ego wieder aufrichten kann. Das ist mein Dienst an Frankreich. Den Chef wieder regierungsfähig machen. Mit meinen Zauberhänden. Ich könnte ihm auch etwas Kleines auf der Gitarre singen. Das Lied vom Froschkönig zum Beispiel oder was Schönes von Gianna Nannini. Schade nur, dass keiner um meine Verdienste weiß. Dann würde vielleicht ich mal eine Auszeichnung bekommen und nicht immer nur diese tattrigen Veteranen.

Donnerstag, 13. Dezember

Also ehrlich, liebes Tagebuch, ich weiß nicht, ob ich das lange mitmache. Jetzt ist das nächste Tief da. Ärger mit den EU-Staaten wegen seiner Pläne zur Mittelmeerunion. Meine Güte! Ich meine, wie stellt er sich das vor? Dass ich hier die Florence Nightingale der Politik gebe und jedes Mal zum Hätscheln bereitstehe, wenn es mal wieder Ärger gibt? So habe ich mir meine Rolle nicht vorgestellt. Kann das nicht jemand anders machen? Vielleicht seine Ex! Soll die doch die Puschelarbeit übernehmen, die Psychoabteilung, und ich bin für Körper und Party zuständig. Dann kann ich auch ruhigen Gewissens meine Jungs wieder treffen. Diese Monogamie ist nämlich auf Dauer etwas … mono.

Apropos Jungs: Eric war gestern hier. Wollte mich mit seinem Cabrio abholen, »um ein wenig zu cruisen«. Er kenne »echt geile Stellen in Paris«. Sag mal, liebes Tagebuch, tickt der noch ganz richtig? Wir haben Winter! Ich fahre doch jetzt nicht mit 'nem Cabrio durch die Gegend! Im Übrigen ist das ja wieder nur so ein Versuch, mich zurückzubekommen. Und das kann er vergessen. Ich meine, ein Mann, der seine Gitarre zum Weinen bringt – wer will denn so was? Außer Maman vielleicht, die findet ihn ja immer noch toll. Und meine marode Schwester, die hätte ihn ja auch genommen. Ich will jedenfalls einen richtigen Kerl und nicht so ein Weichei. Deshalb ist Nici auch der Richtige für mich. Selbst wenn er physisch betrachtet eher eine Sparversion ist. Eine männliche Kurzstrecke sozusagen. Dumm, dass Eric das Aus nicht wahrhaben will. Es wird nämlich langsam etwas anstrengend mit ihm.

Nici hat einen schönen Vorschlag gemacht, nicht nur, um als Familie zusammenzufinden, sondern auch, um die Öffentlichkeit an unserem Glück teilhaben zu lassen: Wir – Aurélien, Maman, das Kindermädchen, Nici und ich – fahren am Samstag ins Disneyland. Das finde ich eine tolle Idee. Nici meint, es wäre gut, wenn ein, zwei Fotografen vor Ort sein würden. Es würde innerhalb der Öffentlichkeit das Bild von uns als Familie, als Royal Family sozusagen, manifestieren. Mir soll's recht sein. Ich habe so lange keine Publicity mehr gehabt, da stelle ich mich auch neben einen Misthaufen, wenn's was bringt.

Montag, 17. Dezember

Disney war ein voller Erfolg. In jeder Hinsicht. Sogar Aurélien ist Nici gegenüber nun etwas freundlicher gestimmt. Dieser Sieg ist zwar erkauft, aber immerhin (wir sind in drei Limousinen, eskortiert von zwei Motorrädern mit allerlei Gedöns und Blaulicht durch Paris gefahren, das hat Aurélien natürlich gefallen). Zehn Fotografen waren vor Ort und haben für alle wichtigen Magazine geschossen, sogar ein TV-Team war dabei. Wir haben allein zehn Minuten vor dem Dornröschen-Schloss gestanden, nur damit die ihre Aufnahmen machen können. Nici hat das toll gemacht. Wie ein Profi. Er hat sich gedreht und gewendet und den anderen Gästen zugewinkt wie einst Königin Mutter. Gemein finde ich, dass die Presse es nun so darstellt, als hätten *wir* etwas davon gehabt. Ich meine, den ganzen Schmonzes haben wir schließlich für *die* inszeniert. Und sich jetzt lustig über uns zu machen, Nici als Micky Mouse darzustellen, mich als Klarabella und Maman als Oma Duck finde ich wirklich geschmacklos. Sogar Aurélien, der ja wirklich nichts dafür kann, dass er so schielt – was der anthroposophische Arzt natürlich ganz anders sieht und behauptet, ich mit meinen häufig wechselnden Partnern würde mein Kind wuschig machen, es würde schlichtweg den *Überblick* verlieren, sodass seine Augen *zwangsläufig* querschießen –, wird nicht verschont und als einer von den drei Entenneffen dargestellt. Das geht nun wirklich zu weit. Aber wie lautet die alte Regel – *any press is good press.* Und *Paris Match* hat in seiner aktuellen Ausgabe unter dem Titel »Eine ganz besondere Woche im Leben von Nicolas Sarkozy« 18 Seiten Fotos gebracht (von Bettina Rheims), ohne störenden Text. Was will man mehr?

Apropos Englisch: Nici und ich haben ein ganz schönes Ritual entwickelt: Ich lese ihm die internationale Tagespresse vor. Übersetzt natürlich. Der kann ja nichts. Dafür kam früher extra jemand jeden Morgen vorbei. Aber jetzt, wo ich da bin, übernehme ich diese Aufgabe. Das ist klasse und hilft auch, die unangenehmen Dinge ein wenig von Nici fernzuhalten. Zum Beispiel wenn man sich im Ausland über ihn lustig macht, weil er so viel fuchtelt und beim Reden so schreckliche Fratzen macht. Oder man auf seine Körpergröße anspielt und ihn »Bonsai-Regent« nennt oder »Mikro-Nico«, dann übersetze ich das natürlich nicht. Neulich habe ich auch einfach mal etwas dazugedichtet. In irgendeiner spanischen Gazette hat er ganz schön eins reinbekommen wegen der Mittelmeerunion. Da habe ich einfach gelesen: »Mit Neid schaut das Ausland auf die gelungene Personalie Carla Bruni. Mit sicherer Hand und größtmöglichem Handlungsgeschick ist es dem französischen Präsidenten gelungen, eine der begehrtesten, weil schönsten, klügsten und auch wohlhabendsten Junggesellinnen des Landes in sein privates Kabinett zu holen: Carla Bruni.« Und so weiter und so fort. Ich war selbst etwas überrascht, wie leicht mir die Lobpreisungen meiner Person über die Lippen kamen.

Da ich zwischendurch immer wieder Nici erwähnt habe, der dann wie ein Angler mit einem 120-Pfund-Fisch dastand, ist ihm der kleine Schmu gar nicht aufgefallen. Im Gegenteil: Meine kleine Lüge hat ihn sehr glücklich gemacht. *Sehr* glücklich. Es ist erstaunlich, wie Worte sich auf die Potenz auswirken. Ich glaube, wenn Nici irgendwann mal nicht mehr richtig kann, muss ich ihm einfach unablässig sagen, wie unglaublich toll er doch ist. Etwas doof war allerdings, dass wir im Élysée waren und ich ihm die Zeitungen am Frühstückstisch vorgelesen habe. Als wir die 350 Meter ins Schlafzimmer hinter uns hatten, war alles Gute schon verflogen. Da war auch nichts mehr zu machen. Lobgehudel hin, Lobgehudel her.

Dienstag, 18. Dezember

Die Ballerina-Nummer geht mir mächtig auf die Nerven. Ich kann meine gesamten Klamotten wegschmeißen (was heißt, sie meiner maroden Schwester zu geben – die trägt ja alles auf, wo ihr dicker Hintern gerade noch reinpasst). Mit Ballerinas sieht alles einfach richtig deppert aus. Nichts mehr mit Sexappeal. Mädchen-Style ist angesagt. Ich kann ja schon mal das Klosterkostüm bestellen.

Am Abend

Habe mit Nici gesprochen. Dabei kam raus, dass er hohe Schuhe im Bett super findet. Na wenigstens was. Muss ich nicht die gesamte neue Frühjahrskollektion ungetragen wegschmeißen.

Freitag, 21. Dezember

Nici war heute in Rom. Zum Popen-Treffen, wie er sagt. Ich bin überrascht und sehr davon angetan, wie wenig ernst er diese Heiligennummer nimmt. Das hätte ich von ihm gar nicht gedacht. Wo er doch immer vor dem Essen betet, wenn seine Mutter dabei ist. Aber mit dem Papst hat er es nicht so. Das ist ihm alles zu bigott. Dieses ganze Verzichtsgetue und dann wie eine Fummeltrine in diesen wahnsinnigen Priscilla-Gewändern rumzulaufen. Nein, das findet Nici nicht richtig. Der Neue ist aber auch wirklich gruselig. Der sieht so aus, als würde er jeden Morgen ein Aschebad nehmen. Und dann der schicke Sekretär an seiner Seite, na ich weiß nicht ... Müssen sich ja nur ein wenig die Dornenbüschel um die Ohren hauen und alles ist vergeben. Das ist ja auch ganz praktisch so, als Obergrufti. Da kann sich Fummel-Ratze immer selbst die Absolution erteilen, wenn er beim Mau-Mau mal geschummelt hat.

Eigentlich sollte ich ja mitfahren, aber Nicis Berater – Herr, vergib ihnen – hielten es nicht für »adäquat«, wenn ich dies täte. Ich, die befleckte Empfängnis. Der gefallene Engel. Dafür fährt nun meine Mutter mit. Nur gut, dass die Medien noch nicht so auf Zack waren, als die noch im Rennen war. Wenn die Bescheid wüssten, würden sie Maman nicht mal in die Nähe von Gottes Gesandten lassen, aus Angst, er könne seine Jungfernschaft verlieren. Auf jeden Fall finde ich für mich es schade. Das wäre schon nach meinem Geschmack gewesen. Also nicht der Papst, aber sein Sekretär. Und dann die viele Presse! Na ja, wird schon noch eine andere Gelegenheit kommen.

Auf der Online-Seite des *Figaro* ist zu lesen, dass man aufseiten des Heiligen Vaters *not amused* war, dass Nici während der Audienz ständig aufs Handy geguckt hat. Aber wer will ihm das verdenken! Ich habe ihm im Fünf-Minuten-Takt ein Foto von mir geschickt. Und jedes Mal hatte ich etwas weniger an ... bis ich zuletzt nur noch ein Kreuz vor die Scham hielt. Ich weiß, ich bin ein Biest. Und was für eines! Das ist mir so eine unendliche Freude, meinem kleinen Heiligen die Hure zu sein, die er braucht. Ich hoffe nur, dass die Augen von Ratzi nicht mehr die besten sind.

Nici rief gerade an. Sie sind schon auf dem Rückweg. Er klang etwas zerknirscht. Sein Telefon ist weg. Er glaubt, er hat es im Vatikan liegen lassen. Das Blöde ist, er hatte die Fotos als automatische Dia-Show programmiert, sodass alle fünf Minuten ein anderes der Fotos, die ich ihm heute geschickt habe, aufpoppt. Na, mich stört das nicht so sehr. Ich finde, was ich habe, das kann sich sehen lassen.

Samstag, 22. Dezember

Morgen werde ich 40. Ich darf gar nicht darüber nachdenken. 40 und beinahe verheiratet. Das ist fast so wie tot. Ich finde, ich bin dafür noch viel zu jung. Aber ich befürchte, ich komme nicht drum herum. Nici drängt sehr, und in der Tat würde es manches erleichtern. Anfang Januar wollen wir nach Jordanien und Saudi-Arabien reisen, und schon jetzt kündigt sich an, dass die Muselmanen unser lockeres Bündnis nicht lustig finden.

Auf jeden Fall fahren wir jetzt erst einmal nach Ägypten. Ein Geschenk von meinem Schatz zum Geburtstag. Natürlich weiß ich, dass er den Flug, das Hotel und den Rest für lau bekommt, weil die Besitzer seine Freunde sind. Aber nun denn. Einem geschenkten Gaul … Klasse finde ich von Maman, dass sie sich bereit erklärt hat, Weihnachten mit Aurélien und seinem Vater zu verbringen. Aber sie hat Raphaël ja immer schon gemocht. Eigentlich der Einzige meiner Ex, den sie wirklich mochte. Sie ist manchmal so einfach gestrickt. Man muss nur sagen »Philosoph«, und bei ihr gehen alle Türen auf. Na, für das Kind ist es auf jeden Fall gut, wenn wenigstens ein paar Familienmitglieder bei ihm sind.

Montag, 24. Dezember

Mein Geburtstag war ganz o. k. Kleiner Kreis, kleine Feier. Habe von Nici noch ein Fotoalbum mit Bildern von ihm bekommen und von Maman die üblichen Kosmetikgutscheine.

Mittwoch, 26. Dezember, Kairo

Liebes Tagebuch, nur ganz kurz: Es ist der Hammer. Nicolas bietet alles auf, was sich nur aufbieten lässt. Wir sind nach unserer Ankunft in Ägypten in einem Konvoi von 16 (!) Limousinen zum Hotel gefahren. Der Kultusminister persönlich hat uns die Kulturschätze gezeigt und, was ich ganz lustig finde, vor dem Hotel ist nicht nur ein möglicher Joggingpfad für Nici gesperrt worden. Nein, sie haben auch das Trottoir neu gestrichen! Total süß! Extra für Nici. Wo der doch farbenblind ist und den Unterschied eh nicht sieht!

Morgen geht es weiter nach Sharm el-Sheik und am 30. nach Kairo.

Ach ja, fast hätte ich es vergessen: Nici hat mir zu Weihnachten einen Ring geschenkt. Teuer und ganz hübsch. Dazu gab es einen Heiratsantrag. Den Ring habe ich angenommen. Ja, und den Heiratsantrag auch. Also, liebes Tagebuch, Du siehst, ich gebe klein bei. Werde altersmilde. Einen Termin haben wir aber noch nicht. Ich habe gesagt, dass ich Ostern ganz schön fände, da könnte er ein Hasenkostüm tragen. Oh, oh, das fand Nici gar nicht witzig. Ehrlich gesagt, er ist total ausgerastet. Er hat richtig gebrüllt. Ich würde ihn nicht ernst nehmen und mich über ihn lustig machen, immer würde ich auf seiner Herkunft herumhacken, und seine Mutter würde ich auch nicht mögen. Leider stimmt das. Alles. Ich habe aber einfach das Gegenteil behauptet und ein bisschen geweint. Das funktioniert immer. Auch beim Präsidenten. Das süße Männchen hat alles geglaubt und sich am Ende ganz schlecht deswegen gefühlt, dass er so gemein zu mir war. Das war prima. Wir sind dann an die Hotelbar gegangen und haben einen gekippt. Also ich habe gekippt und Nici hat ein paar Nüsschen geknabbert. Das war alles. Nicht so toll für Weihnachten, aber wenigstens auch kein Familiendrama wie sonst.

Sonntag, 30. Dezember, Kairo

Morgen fahren wir nach Paris zurück. Bin so froh. Ich brauche unbedingt neue Schuhe, alle Ballerinas sind durchgelatscht. Außerdem weiß ich, dass ägyptische Fotografen, die uns ablichten wollten, von der Polizei verprügelt wurden. Das will ich nicht. Ich will nicht schuld sein daran, dass Menschen ihrer Rechte beraubt werden. Nici sagt, ich solle mir das nicht so zu Herzen nehmen, das passiere in Frankreich täglich. Ich glaube, manchmal bin ich einfach nicht abgeklärt genug, denn Nicis Worte sind mir kein Trost.

Januar

Eines meiner Lieblingsfotos – noch so neu und schon so nah

Donnerstag, 10. Januar

Ach, liebes Tagebuch, so viel ist geschehen! So viel, dass ich gar nicht mehr geschrieben habe. Also:

- Das Wichtigste zuerst – ich bin bei Nici eingezogen. Zumindest halb. Natürlich habe ich mein Haus noch und werde es auch behalten. Aber damit Nici mal endlich einen Gang runterschaltet, seine Verlassensängste in den Griff bekommt und mit seinen ganzen Plänen und ständigem Ideen-Geratter, was ich ihm alles sein könnte – am Boden: persönliche Assistentin, in der Luft: Stewardess, zu Wasser: verführende Nixe –, zur Ruhe kommt, und damit wir auch etwas mehr beieinander sind (zuletzt hatten wir nur noch zweimal die Woche Sex), habe ich einen Teil meiner Sachen in den Palast bringen lassen. Dummerweise hat auch immer noch Nicis Ex ihren Krempel dort. Zweimal schon habe ich aus Versehen ihre Unterhosen angezogen. Hübsches Zeug. Viel Rot. Aber das geht natürlich nicht. Da fühlt man sich ja wie die zweite Erste Wahl. Ich habe Anweisung gegeben, alles zusammenpacken zu lassen. Ich hoffe, Nici sagt ihr Bescheid, dass sie ihre Sachen abholen soll.
- Dann hat Raphaël nach der Ägyptenreise einen Riesenwirbel gemacht, dass ich Aurélien in meine »peinliche Realityshow mit reinziehe«. Anlass war der Zwischenfall, wo die Fotografen mit ihren Blitzlichtern in helllichter Sonne dem Kind, das auf Nicis Schultern saß, einen Riesenschrecken eingejagt haben. Raphaël hat sich furchtbar aufgeregt. Er sagt, ich würde das Kind diesem selbstsüchtigen Affenkönig

für seinen Presse-Popanz ausliefern, Aurélien für seine perfiden Inszenierungen zur Verfügung stellen. Der solle gefälligst seinen eigenen Sohn benutzen, der sei ja auch kaum älter. So könnte ich das Kind ja gleich an Michael Jackson verkaufen. Ich finde das etwas ungerecht. Michael Jackson hat doch gar nicht so viel Kraft, ein Kind so lange auf den Schultern zu tragen. Aber das interessiert meinen Ex nicht. Er hat tatsächlich damit gedroht, mir das Sorgerecht zu entziehen. Da muss ich aufpassen. Bei meinem Lebenswandel – Herren, ab und zu mal ein Tütchen und beim Psychologen war ich auch schon – steh ich schnell dumm da. Ich habe Nici davon erzählt. Er war ganz süß, ist ganz souverän geblieben, ganz Staatsmann. Er war ganz gerührt davon, wie naiv ich doch immer wieder bin. »Wir heiraten doch bald, mein kleines Carlitachen«, hat er gesagt, »man wird doch dem Präsidenten von Frankreich den angeheirateten Sohn nicht wegnehmen.« Ja, da hat er recht, der Nici. Gar nicht so dumm. Dumm nur, dass Aurélien da nicht mitspielt. Wenn der Nici nur sieht, bekommt er schon Atemnot. Und seine Neurodermitis ist auch wieder ganz schlimm.

– Dann waren wir in Jordanien. Alles ganz schön, eigentlich genau wie Ägypten, also des Erwähnens nicht weiter wert.
– Wir waren nicht in Saudi-Arabien. Da war Nici allein. Wegen der Klemmi-Moslems, die mit uns als Unverheirateten eine Krise bekommen. Ich finde das zwar etwas albern, aber es ist besser so, für den Weltfrieden.
– Ich war dafür in der Zwischenzeit shoppen (super Klamotten gekauft!).

– Außerdem gibt es jeden Tag ein anderes Gerücht über uns. Momentan hält sich am hartnäckigsten, dass wir bereits geheiratet haben. Dass ich schwanger bin, ist vom Tisch. Irgendwer hat spitzgekriegt, dass ich nicht wegen einer möglichen Schwangerschaft zum Ultraschall in der Klinik war, sondern wegen meines Hühnerauges.
– Apropos Huhn: Der Hammer der letzten Tage ist zugleich auch das schlimmste Ereignis. Ein fürchterlich erniedrigender Moment. Ich habe über die Presse erfahren, erfahren müssen!, dass der Ring, den Nici mir geschenkt hat, das gleiche Modell ist, das letztes Jahr auch Cécilia von ihm bekommen hat. Ehrlich gesagt, ich hätte gar nicht gedacht, dass Nici so viel Geld hat. Und auch, dass Dior, diese Old-School-Schmiede, einen Ring von solchem Kaliber gleich mehrmals herstellt, finde ich unter aller Kanone. Wo bleibt da die Exklusivität der Besserverdienenden? Für die Presse war das natürlich ein gefundenes Fressen. Und für mich war es so erniedrigend! Dagegen war die Peinlichkeit, auf die versteckte Kamera reingefallen zu sein, Pipifax. Zwei Tage lang habe ich geweint und konnte vor lauter Wut und Scham kein einziges Wort mit Nici wechseln. Normalerweise würde ich bei so etwas einfach gehen, aber ich merke: Ich kann nicht. Mein Herz hängt an dem Wicht. Ich weiß nicht, wieso, warum. An seinem Geld kann es nicht liegen. Vielleicht, weil er so schlau ist? So von sich überzeugt? So an sich glaubt? Sich so mag? Nie an sich zweifelt? Immer die anderen schuld sind? Ja, ich glaube, das ist es. Nici ist so ein guter Verkäufer seiner selbst. Er glaubt so an sein Produkt »Nicolas Sar-

kozy, Retter von Frankreich. Staatsmann und Womanizer, Charmeur und Regler«, das färbt ab. Nici ist wie eine Dauerwerbesendung in eigener Sache. Und ich bin seine treueste Kundin. Oder vielleicht auch nur die ergebenste.

Freitag, 11. Januar

Ich habe meinem Schatz von dem Bildnis erzählt. Dass er mir vorkommt wie ein Verkäufer und ich wie eine angefixte Kundin, gefangen im Rabattsystem seiner Liebe, die immer und immer wieder bestellt und darauf wartet, eines Tages den großen Bonus einlösen zu können (was immer das sein soll). Was dann passierte, liebes Tagebuch, war ganz süß: Nici hat seine Stimme gesenkt, hat sich über mich gebeugt (es war abends, wir saßen auf dem Kuschelsofa) und gesagt: »Na, ich denke, dann müssen wir mal ein paar Treuepunkte verteilen.« Ich fand die Idee ganz toll und habe meine Treuepunkte gleich eingelöst. Lieber ein Sofortgewinn als liegen lassen. Denn was bekomme ich später dafür? Bestimmt irgendetwas, das er billig irgendwo geschossen hat. Denn wenn seine Ex auch eine böse, alte Schnepfe ist, die es nicht schafft, ein gutes Haar an ihrem Geschiedenen zu lassen, in einem Punkt hat sie leider recht: Nici ist ein Geizknochen. Ein schlimmer Mr. Scrooge, der nur gibt, wenn er was bekommt oder es ihn nichts kostet. Blumen? Freitagabend, aus dem Plenarsaal, bevor der Abräumer kommt. Parfum? Nur, wenn er mal Linie fliegt und am Duty-free vorbeikommt. Kino? Am Kinotag. Den neuen Fernseher hat er auch nur angeschleppt, weil im Pressezentrum neue Übertragungsgeräte gekauft wurden und er sich an die Sammelbestellung ranhängen konnte. Und wenn wir essen gehen, dann hat er vorher schon immer was ausgedealt. Von daher ist es ganz schlau, zuzugreifen, wenn er in Geberlaune ist.

Montag, 14. Januar

Nettes, kleines Wochenende gehabt. Nici hatte viel zu tun, ich bin mal wieder bei mir zu Hause. Das war ganz schön. Hat mir das Gefühl gegeben, wieder etwas mehr bei mir zu sein. Im Moment verliere ich mich etwas. Nicht nur, weil der Palast so groß ist und ich mich ständig verlaufe. Auch sonst fühle ich mich etwas verlaufen. Habe mein Ich, meine Mitte verloren und bin statt im Zentrum ständig im Irrgarten unterwegs. Nici macht mich mit seinem schnellen Gerede, seinen schnellen Gedanken, seinen 180 Plänen für den Moment auch ganz wuschig. Da werde ich auch ganz irr und wirr.

Mittwoch, 16. Januar

Ich bin immer noch in meinem Haus. Ein wenig Abstand tut mir gut. Ich merke, dass ich zusehends in das Gesichtsfeld von Nicis Beratern komme. Noch lassen sie mich in Ruhe. Aber ich spüre, wie es ihnen nicht passt, dass da so ein Wildfang herumläuft, der ihre schönen Pläne vom Bild des souveränen Herrschers unterwandert. Es stört sie, dass ich immer schon da bin, wenn sie morgens kommen. Dass seine Wangen schon gerötet sind, wenn ihre noch blass vor sich hin dumpfen. Sie sind neidisch, dass ich ihm so nah bin, wie sie es nie sein werden. Dass ich Nici berate, dass ich ihm die Krawatten ausrede, die sie ihm eingeredet haben, dass ich nicht finde, dass er, um seine Vitalität zu demonstrieren, mit einer Harley Davidson rumfahren muss, wo seine Füßchen doch kaum die Erde berühren. Dass ich es albern finde, wenn ein Mann nach Veilchen duftet. Das alles ist ihnen ein Dorn im Auge. Und ich bin sicher, wenn wir erst verheiratet sind, wird ihr Kluggelaber auch auf mich übergehen. Dann werden sie auch für mich tolle Ratschläge parat haben. Was ich anziehen soll, wie ich mich geben soll, wen ich heiraten soll. Na ja, das nun grad nicht, aber alles andere.

Freitag, 18. Januar

Manchmal verstehe ich Nici nicht. Also nicht nur, weil er mir noch fremd ist, sondern weil ich mich generell manchmal frage, wie der Herr so tickt. Neulich Abend kommt er nach Hause und fragt, ob ich wüsste, wo sein Mucketoaster ist. Ich muss wohl etwas blöd geguckt haben, denn er sagte: »Ja, Mann, ich brauch meinen Mucketoaster, weil ich noch ein bisschen asseln möchte.« Ich muss noch blöder geguckt haben, denn er schaute mich an und begann freundlich zu erklären: »Ausruhen, Schatz, chillen.« Gestern nun, ich bin wieder im Élysée, kommt er heim und nölt über seinen Job rum. Dass er übelst genervt sei von den Vollpfosten in seiner Abteilung, den Gammelboten im Parlament. Die seien alle krasskrank bescheuert und voll Knäcke. Das mache ihn total aggro. Ob wir wohl noch chopsen wollten oder einfach nur ’n bisschen Speichelsport machen. »Oder willste direkt ins Bett?« Ehrlich gesagt, liebes Tagebuch, ich hatte etwas Angst. Manchmal glaube ich schlichtweg, der Kerl ist ferngesteuert. Es ist, als hätten Außerirdische das Kommando in seinem Hirn übernommen. Als sei er eine Puppe, die das Programm von Irren ausführe. Ich habe gesagt, ich wolle gern schlafen gehen und bin schnell ins Bett gehuscht. Als er kam und fragte, ob wir nun noch chopsen wollten, habe ich so getan, als schliefe ich schon.

Der gestrige Abend hat mir keine Ruhe gelassen. Ich bin extra früher aufgestanden und habe Nicis Sachen nach Hinweisen durchsucht. Kommandobotschaften von Außerirdischen, Drogen, was weiß ich. Ich habe des Rätsels Lösung in Form eines Büchleins in seiner Aktentasche (immer noch dies schlabbrige, alte Ding, ich muss ihm mal eine neue schenken) gefunden: *Hä? – Jugendsprache unplugged.* Ein Führer durch »das 1x1 der Jugendkultur«. Nici tut mir so leid. Er wird in einer Woche 53. Ich habe nicht gemerkt, wie sehr ihn das mitnimmt.

Sonntag, 20. Januar

Ich habe mir im Teleshop ein Power-Plate-Fitnessgerät bestellt, das garantiert gegen Cellulite hilft. Total easy in der Anwendung. Aber ich glaube, das Gerät ist ein Reinfall. Es tut sich gar nichts. Wenn meine Beine nicht mit Photoshop bearbeitet sind, sehen sie aus wie handgeschöpftes Altpapier. Ich verstehe das nicht. Im Fernsehen sah das Gerät so überzeugend aus, und die Frau darauf schien auch sehr zufrieden. Dummerweise ist die Geld-zurück-Garantie schon abgelaufen. Ich glaube, ich werde es für die Taubstummen-Tombola spenden.

Montag, 21. Januar

Ich hab es ja nicht so mit Frauen. Ich habe ja nicht mal eine Freundin. Und die Vorstellung von Sex mit einer Frau finde ich auch ziemlich unattraktiv. Ist natürlich schon das ein oder andere Mal vorgekommen, aber immer nur in Kombination mit einem Mann in der Mitte. Also ich und 'ne Frau, nee, das wäre nichts für mich. Da fliegen ja keine Funken. Umso mehr haut mich um, was ich letzte Nacht geträumt habe, nachdem ich auf MTV einen Konzertmitschnitt von Pink gesehen habe, also: Ich lag in einem riesigen Bett. Nur bekleidet mit einem Lederbikini, und Pink, die Sängerin, hatte, ebenfalls mit einem Bikini, aber auch Stiefeln bekleidet, in einem Fischernetz über mir geschaukelt. Sie hat sich im Netz gerekelt und sich gewunden. Dann hat sich das Netz in Lianen verwandelt, und sie ist wie eine Trapezkünstlerin daran geschwungen, hat sich lasziv gerekelt und sehr, sehr aufregende Turnübungen gemacht. Dabei ist sie ganz, ganz langsam aus etwa zehn Metern Höhe immer weiter heruntergekommen und hat mir die ganze Zeit in die Augen geguckt. Das war sehr, sehr aufregend und ich muss zugeben, ich habe sie unheimlich begehrt. Immer wieder ist sie ganz dicht über mir geschwebt und immer, wenn ich sie fassen wollte, hat sie sich in Sekundenschnelle wieder hochgezogen. Mein Begehren ist immer größer und größer geworden. Es war fast nicht auszuhalten, dass sie die Bestimmerin war. Dass sie sich immer wieder entzogen hat und dann so sinnlich und eindeutig wieder an mich herankam. Nachdem sie so eine ganze Weile die Jane gegeben hat, hatte sie auf einmal ein Messer, mit dem sie die Seile gekappt hat, sodass sie in mein Riesenbett fiel. Ja, und da haben wir es dann gemacht. Und das auf eine Art und Weise, die so absolut atemberaubend und großartig war, dass mir die Worte fehlen. Das war richtig, richtig toll. Also, ganz anders als mit Nici. Und jetzt weiß ich nicht, was das soll. Bin ich jetzt lesbisch? Ich hoffe mal nicht. Jetzt, wo ich endlich einen Mann mit Atommacht habe. Ich will mich nicht entscheiden müssen zwischen einer singenden Trapezkünstlerin und einem Zwerg mit Atommacht. Aber vielleicht muss ich das gar nicht. Vielleicht findet sie mich ja doof.

Dienstag, 22. Januar

Bin etwas aufgeregt, wegen Nicis Geburtstag. Aurélien weigert sich hartnäckig, das Internat auch nur für einen Tag zu verlassen. Ich hatte mir das so schön vorgestellt – unsere beiden kleinen Jungs und das Personal in Käfer-Kostümen, als Grillen und Fröschlein verkleidet, ich bin das Bienchen, schlage das Tamburin und wir singen das italienische Geburtstagslied von der großen Assel Sonnenstaub. Das wird nun nichts. Aurélien macht nicht mit, und das Personal will auch nur dabei sein, wenn es dafür einen Tag frei gibt. Nun denn. Dafür springe ich dann eben auch allein aus der Torte. Außerdem habe ich ja noch die große Feier am Abend.

Donnerstag, 24. Januar

Nicis Geburtstag war die Wucht! Das habe ich ganz, ganz toll gemacht. Ein Riesenfest, mit all seinen Freunden. 53 Personen waren wir. Für jedes Jahr eine. 51 Männer, seine Mutter und ich. Das war toll. Für mich. Denn: Wer interessiert sich schon für seine Mutter?!? So hatte ich einen tollen Abend. Und Nici auch. Er hat mich all seinen bedeutenden Freunden vorgestellt, die ich zum Teil ja noch gar nicht kannte (wenn man mal von den Figuren absieht, die ich *sehr wohl* kenne, aber im allgemeinen Interesse lieber vergesse). So hatten wir beide was von seiner Feier: Mein kleiner Schatz konnte allen seine tolle Freundin vorstellen – man munkelt schon, er fühle sich jetzt aufgenommen im Club der bedeutenden Fraueneroberer. Das finde ich süß! Und ich badete in einem Meer von charmanten, ihren schrecklichen Gattinnen entflohenen Erfolgsmännern. Das ist mir ja das liebste Bad: ein Raum voll Testosteron. Das ist wie eine Wolke, die mich trägt. Auf die ich mich bette und auf der ich in sanften Halbdämmer gehüllt dahinwabere. HERRlich! Das einzig Blöde war, dass ich irgendetwas Dummes zu mir genommen hatte und nach etwa einer Stunde ununterbrochen aufs Klo rennen musste. Das hat mir die Show doch etwas sehr vermasselt. Aber für den Anfang hat es gereicht. Ich weiß jetzt, wo es sich lohnt, noch mal nachzuhaken.

Samstag, 26. Januar

Nici steht momentan unter enormem Druck. Von allen Seiten wird an ihm herumgemeckert. Ehrlich gesagt, mir ist das keine große Freude. Wieder einmal denke ich, dass das nicht das ist, was ich will. Händchenhalten beim Angeschlagenen. Ich würde lieber feiern gehen und es krachen lassen. Aber Nici sagt, das könne er sich momentan nicht leisten. Die Presse warte nur darauf, Monsieur Bling-Bling im Feuerwerk der Vergnügungen abzuschießen. Ich sehe aber nicht ein, dass ich nun gleichfalls in Enthaltsamkeit mein Dasein friste, und habe für heute Abend zu einem kleinen Essen eingeladen. Wozu hat man denn das ganze Personal? Steht an so einem Samstagabend eh nur nutzlos rum. Können ruhig mal was tun für ihr Geld. Ich habe ein paar Freunde aus Italien, Spanien und auch ein paar Engländer eingeladen, von denen ich möchte, dass Nici sie kennenlernt. Ich hoffe, wenn er mehr von meiner Welt weiß, denkt er nicht immer, dass alles gegen ihn ist, was ich tu. Das denkt er leider sehr schnell.

Sonntag, 27. Januar

Der Abend war ein totaler Reinfall. Also nicht für meine Freunde, aber für mich und mein Vorhaben. Wir sind so ein toller, internationaler Kreis, und ich hatte nicht bedacht, dass Nicis Englisch so eine Katastrophe ist und dass er – als Franzose – natürlich keine andere Sprache spricht. Also, um es kurz zu machen, alle haben sich prächtig amüsiert, sich natürlich ordentlich volllaufen lassen, nur Nici saß häufig dumm rum und wollte sich auch gar nicht amüsieren. Der Einzige, der sich seiner angenommen hat, war mein alter Visagist. Stockschwul natürlich. Der fand Nici in seiner Stummheit aber ganz entzückend, und ich habe keine Ahnung, was die beiden geredet haben, aber stundenlang haben sie beieinander gesessen und geplaudert. Ich hoffe, dass es dabei bleibt. Denn zu meiner Überraschung hat mich mein kleiner Schatz beim Zubettgehen gefragt, ob ich auch meine, ein Lidstrich würde ihm gut stehen. Nein, kann ich da nur sagen, das denke ich nicht. Ich hoffe, dass das Thema damit beendet ist. So sehr ich Bernard auch schätze, so wenig möchte ich, dass er an meinem Mann rummacht. Nicht dass er auf die Idee kommt, ihn pudern zu wollen.

Montag, 28. Januar

Liebes Tagebuch, ich bin traurig. Sag, soll alles schon vorbei sein? Wo es doch gerade erst begonnen hat? Keiner glaubt an unsere Liebe. Alle machen sich nur lustig über uns, machen Witze und reden schmutziges Zeug. Es gibt dämliche Filmchen über uns im Internet. Eine Karikatur zeigt Nici als hormonduseligen Präsidenten, der auf dem Golfplatz immer am Loch vorbeischlägt. Ständig kommt sein Berater und meckert rum. Es ist alles so erbärmlich! Ich halte das nicht mehr aus! Ich will das nicht!

Und ständig bin ich allein. Ich bin gerade aus dem Keller gekommen – Nici hat in seinem Élysée-Palast ein Tonstudio für mich einrichten lassen, so bin ich immer schon da, wenn er mittags oder abends nach Hause kommt. Ich wollte die Lieder für mein neues Album durchgehen. Aber mir kommen nur traurige Töne über die Lippen, und die Gitarre klingt, als würde sie weinen. Um acht wollte Nici hier sein. Jetzt ist es schon zwanzig nach neun. Wenigstens gibt es in diesem Scheißpalast immer etwas zu trinken. Ich werde gucken, ob ich die Küche finde, und mir ein Fläschchen Schampus holen. Ob ich vielleicht auch *Bridge over troubled water* für die Platte einspielen soll?

Dienstag, 29. Januar

Ach, mein liebes Tagebuch, wie konnte ich so dumm sein und an allem zweifeln?! Nici sagt, das ist, weil ich Künstlerin bin. Wahrscheinlich hat er recht. Er ist so ein kluger Mann! Wie er das macht, so einen ganzen Staat zu lenken! So einfach nebenbei, das ist schon toll. Wir Italiener sind da nicht so … galant. Ja, galant ist das richtige Wort.

Trotzdem, der Druck auf uns wächst ständig. Sein PR-Berater sagt, wir sollten schnell heiraten. Das würde »Ruhe in die Angelegenheit« bringen. »Angelegenheit!« Ich bin für die eine Angelegenheit, für dieses ignorante Pack! Maman findet das auch eine gute Idee mit dem Heiraten. Dann würde ich vielleicht nicht mehr wie ein Schmetterling leben, sagt sie. Aber nun mal ehrlich, liebes Tagebuch, sind die denn alle verrückt? Ich lasse uns doch nicht einsperren in so einen französischen Schrottpalast, wo schon die Putten von den Decken fallen.

Am Nachmittag habe ich eine SMS von Eric bekommen. Er schreibt, wenn ich den Zwerg heirate, bringt er sich um. Er ist immer noch nicht drüber weg. Der Ärmste.

Am späten Abend

Ich habe mir das noch mal überlegt mit dem Heiraten und finde die Idee gar nicht mehr so doof. Ich wäre die erste Première Dame, von der es richtig heiße Nacktfotos gibt. Also öffentlich, meine ich. Ich wäre die Präsidentengattin, und egal, wen wir treffen, wohin wir reisen, alle wüssten, wie gut ich aussehe. Das gefällt mir. Nici ist ja wegen der Fotos wahnsinnig stolz auf mich, weil er von allen Seiten angesprochen wird. Die anderen Politiker sind alle total neidisch, weil er sich traut, 'ne tolle Freundin zu haben und nicht so 'ne Trockenfrucht in Rüschenbluse.

Für meine neue Platte habe ich auch schon eine tolle Idee. Nachdem mir die Franzosen die Fiat-Werbung übel genommen haben, mach ich es wieder gut – ich lass mich als Marianne fotografieren, in eine blau-weiß-rote Schleppe gehüllt. Von Herb Ritts. Ach nee, der ist ja schon tot. Von Kalle Lagerfeld? Mal sehen. Wird auf jeden Fall 'n Knaller.

Mittwoch, 30. Januar

Ach, liebes Tagebuch, jetzt geht alles so schnell. Übermorgen soll schon Hochzeit sein. Nur die engste Familie und ein paar Freunde aus der Rüstungsindustrie. Sogar die Presse soll draußen bleiben. Aber bitte, wozu mach ich denn den ganzen Quatsch?! Kann mir das mal einer sagen? Na gut, sein Berater sagt, danach hält er sich zurück. Das will ich hoffen!

Februar

Unser erster gemeinsamer Auftritt, wir treffen die Geiseln (schlimmes Foto, hab aber kein anderes)

Freitag, 1. Februar

Morgen Mittag ist es so weit. Ich bin schon ganz aufgeregt. Nici möchte, dass ich das Hochzeitskleid seiner Mutter trage. Er sagt, das sei eine alte ungarische Familientradition. Aber es ist so winzig! Ich habe gesagt, dass ich es aus Versehen zu heiß gewaschen habe, und habe mir schnell was bei Prada bestellt. Keine Ahnung, wie seine beiden ersten Frauen da reingepasst haben.

Samstag, 2. Februar

Oh, liebes Tagebuch, jetzt bin ich schon seit sieben Stunden Madame Sarkozy, Gattin von Frankreich. Das fühlt sich so gut an! Ich habe gleich anordnen lassen, dass diese lebensgefährlichen Putten hier im Palast abgeschlagen werden. Ich glaube, ich werde etwas Schick in den Laden bringen!

Eric hat wieder gesimst. Er hat gesagt, er bringt sich jetzt um. Was soll ich machen? Ach Mist, liebes Tagebuch, ich muss jetzt aufhören, die Gäste warten, ich soll etwas singen. Ich melde mich wieder.

Montag, 4. Februar

Verdammte Scheiße. Ich glaube, ich habe einen Riesenfehler gemacht. Ich habe Eric zugesagt, er dürfe auf meiner neuen Platte einen Song spielen. Nur um ihn zu beruhigen. Nur um zu verhindern, dass er hier auf meiner Hochzeit auftaucht und ein Schlachtfest veranstaltet. Eben brachte der Bote den siebzehnten Song, den er seit Samstag komponiert hat: *Tears in Palace*. Ich muss mir unbedingt was einfallen lassen, wie ich ihn wieder loswerde!

Mittwoch, 6. Februar

Also, mein liebes, liebes Tagebuch, seit fünf Tagen sind Nici und ich jetzt Mann und Frau. Ich hätte nie gedacht, dass es sich so schön anfühlen könnte, die Freiheit, die Unabhängigkeit aufzugeben. So muss sich eine richtig gute SM-Beziehung anfühlen, wenn man den devoten Part hat: aus Liebe, aus Hingabe das Ich zu negieren und sich in demütiger Wollust in den Schatten des anderen zu stellen. Ein Problem nur, dass der Schatten so klein ausfällt. Ich versuche wirklich inständig, darin zu verschwinden, aber ständig guckt irgendein Teil von mir hervor. Auch im übertragenen Sinne.

Ich habe manchmal wirklich das Gefühl, ich sei schlauer als Nici. Gestern Abend haben wir *Wer wird Millionär?* geschaut und schon bei der 5.000-Euro-Frage hätte Nici seinen Telefonjoker anrufen müssen. Und das nach der Blamage am Mittag bei den Rumänen, wo er sein Podest hinterm Rednerpult vergessen hatte. Alle nachfolgenden Sprecher haben sich einen Witz draus gemacht, sich zum Mikro zu bücken. Ich hab dann so getan, als wüsste ich die Antwort – Wer spielte in *Vom Winde verweht* die weibliche Hauptrolle? – auch nicht, hab schnell den Kasten ausgemacht und gesagt, ich sei müde. Er hat den Wink verstanden. Zum Trost habe ich ihm auf dem Kamm seine Nationalhymne geblasen. Da ging's ihm zum Glück wieder besser.

Freitag, 8. Februar

Liebes Tagebuch, ich habe wirklich versucht, eine gute Ehefrau zu sein. Ich versuche es täglich. Auch will ich nicht mehr so selbstsüchtig sein und weiß, dass ich mich nicht mehr so viel selbst verwirklichen kann, bis die Umfragewerte wieder besser sind. Aber! Da hat doch diese Krähe von Ex, Cécilia, verbreiten lassen, mein Nici wäre zu ihr zurückgekommen, wenn sie nur einen Wink gegeben hätte! Noch eine Woche vor unserer Hochzeit!

Liebes Tagebuch, ich muss Dir nicht erzählen, dass ich getobt habe. Dass ich meinem kleinen Pygmäen eine Szene sondergleichen in seinem Palast hingelegt habe. Mit meinen Ballerinas hab ich nach ihm geworfen, so geschrien, dass gleich wieder eine von diesen verdammten Putten runtergerauscht ist. Ich weiß nicht, warum, aber ich glaube ihm, dass es nicht stimmt. Dass Cécilia uns einen mitgeben will.

Da war es mir eine Genugtuung, seine Versöhnungsgeste anzunehmen: drei Telefonate, und mein süßer Nici hatte Karten für die Scala. Mit dem Helikopter von Nicolas Bazire, das ist sein Freund von LVMH, sind wir nach Mailand geflogen, mit drei Extrarunden über dem Louvre.

Montag, 11. Februar

Heute ist ein wunderbarer Tag! Die Sonne schien schon am frühen Morgen, und ich wusste gar nicht, was schöner ist, ihre Strahlen auf meinem Körper zu fühlen oder die zarten Lippen des Mannes, den ich so liebe. Zum Glück war es nur eine osteuropäische Delegation, die einen Termin hatte, die konnte man auch eine halbe Stunde warten lassen.

Und der Tag ging so gut weiter! Am Mittag kam Nicis PR-Berater mit einem tollen Vorschlag. Es gibt eine Anfrage aus Hollywood! Unsere Beziehung, unsere »Macht der Liebe«, soll verfilmt werden. Und nun, liebes Tagebuch, stell Dir vor, Tom Cruise soll Nici spielen! Tom Cruise, der passt genau! Und ich soll die Filmmusik machen! Komponieren und singen! Ist das nicht toll?!! Das bringt mich zurück auf die internationale Bühne! Welch elegante Art, wieder Gehör zu finden!

Wir haben nächste Woche einen Termin mit Frank Schirrmacher, dem gehört die *Frankfurter Zeitung* oder so, wegen einer möglichen Preisverleihung nächstes Jahr. Den Mut-Bambi. Tom kann den nicht bekommen, der hat ihn dieses Jahr für das Wagnis erhalten, einen Widerstandskämpfer zu spielen. Aber wir könnten wohl ausgezeichnet werden, meint Schirrmacher, weil wir gegen alle Widerstände zu unserer Liebe stehen. Schirrmacher kennt den Besitzer des Verlages, der den Preis vergibt: Henry Burda. Na ja, und wenn nicht, dann rufen wir Arnaud an, der wird es schon in die Wege leiten können.

So, liebes Tagebuch, ich muss noch den Impfpass von Aurélien suchen. Ich melde mich wieder.

Dienstag, 12. Februar

Liebes Tagebuch, endlich ist ein wenig Ruhe eingekehrt. Endlich war uns ein schönes Wochenende vergönnt ohne irgendwelche hysterischen Berater (wenn man Maman mal ausnimmt), fiese Pressemeldungen oder nervige Minister, die kaum, dass das Frühstück serviert ist, anrufen, weil sie nicht klarkommen. Überhaupt, die Presse beruhigt sich langsam. Sie fahren ihre Häme zurück und beginnen uns als Paar ernst zu nehmen.

Unser PR-Berater hat mir ein Interview mit dem *Express* organisiert. Das erste Gespräch mit der Première Dame. Ich soll als eigenständige, kluge Frau mit einer differenzierten Meinung rüberkommen, die zu ihrem Mann steht, ohne ihren eigenen Kopf zu verleugnen. Also einfach ich selbst sein. Das sollte mir ja nicht schwerfallen. Die Fotos haben wir schon letzte Woche gemacht. Da habe ich eine hellgraue Strickjacke mit Zopfmuster an – wenigstens konnte ich durchsetzen, dass es eine aus Vicuña für 3.400 Euro ist statt irgend so ein billiger Fummel. Außerdem trage ich dazu eine schwarze Hose und quasi kein Make-up. Ich sehe aus wie meine eigene Großmutter. Nun denn, wenn es meinem (neuen) Vaterland dient!

Ich muss dran denken, Nici ein neues Shampoo zu besorgen. Dieses billige französische Zeug hat irgendetwas, das ich nicht vertrage. Ich habe ja ständig seine Haare an der Nase und jedes Mal muss ich niesen. Ich werde ihm was Feines von der Farmaceutica di Santa Novella schicken lassen. Apropos Haare in der Nase: Mir tut der Rücken weh. Ich bin nur froh, dass diese ganze Fotografiererei zunächst mal ein Ende hat. Aber eines muss man der Journaille lassen, es gab nicht ein Foto, auf dem ich größer gewesen wäre als mein geliebter Schatz.

Donnerstag, 14. Februar

Ich weiß nicht, was ich machen soll! Ich kann nicht mehr. Alles, alles geht schief! Es ist egal, was ich tue, alles läuft aus dem Ruder! Jetzt hab ich mich entschuldigen müssen, weil ich in dem Interview angeblich einen unzulässigen Nazi-Vergleich gebracht habe. Wenn sich mal irgendeiner die Mühe machen würde, zu lesen, was ich wirklich gesagt habe, würde er feststellen, dass ich das nicht gesagt habe, was nun alle daraus machen! Aber ich will mich nicht mehr aufregen. Doktor Leroc hat auch gesagt, ich dürfe mir das alles nicht so zu Herzen nehmen, und mir ein paar Globuli verabreicht. Ich glaube, sie wirken schon. Ich werde nachher Maman anrufen und fragen, ob das Chalet an der Cote d'Azur frei ist. Ich glaube, ein paar Tage an der Küste täten mir gut. Außerdem werde ich wieder mit Yoga anfangen, um meine Mitte zu halten.

Freitag, 15. Februar

Maman macht mich völlig wuschig. Ich habe vorhin kurz angerufen, wegen des Chalets. Da fing sie gleich wieder an, wie glücklich sie sei und wie stolz, dass aus mir nun doch noch was geworden sei. Und wieder ging es los, dass, wenn wir schon dort wären, wir doch bei den Grimaldis vorbeischauen sollten. Das wäre doch so eine wichtige Verbindung, bla, bla, bla. Dass sie es nicht lassen kann! Ich wollte schon vor 30 Jahren nicht mit Stéphanie spielen, weil sie eine dumme Zicke ist und ihr Bruder voll gestört. Es ist so eklig, was er damals mit den Hühnchen gemacht hat, da ist es mir egal, ob die Beziehung »förderlich« sei, wie Maman es ausdrückt. Ach Scheiße. Ich fühle mich schon wieder wie zwölf. Stimmt es, was Professor Paré sagt, wird man seiner Mutter gegenüber nie erwachsen?

Apropos wachsen: Es bleibt dabei, dass Tom Cruise die Rolle von Nici übernehmen soll, in *Die Macht der Liebe*, dem Film über uns. Unklar ist noch, welchen Preis er nächstes Jahr dafür bekommt. Frank Schirrmacher (lustiger Name eigentlich! Ob seine Familie was mit der Firma *Knirps* zu tun hat? Das wäre ja noch eine lustige Verbindung, ich muss Maman fragen), der Zeitungsmann aus Deutschland, den wir letzte Woche treffen wollten, konnte nicht. Angeblich ist seine Frau schwanger. Egal. Wir werden ihm wohl bald begegnen. Ich habe schon ein deutsches Volkslied gelernt, das ich gern für ihn singen würde, Nici könnte den Takt schlagen: *Zehn nackte Frisösen* – komischer Titel. Aber Jacques (Séguéla, er kam heute kurz vorbei) sagt, es sei die moderne Fassung des alten Volksliedes *Zehn kleine Negerlein*, das man heute nicht mehr singen dürfe. Ich bin so froh, dass er ein Auge auf diese Dinge hat. Noch so einen Fauxpas wie in dem Interview kann ich mir nicht leisten!

Samstag, 16. Februar

Ich bin immer noch überfällig! Ich bete zu Gott, dass es dieses Mal bleibt! Ein Kind, das wäre das Größte. a) Weil ich immer ein zweites wollte, b) damit Aurélien jemanden zum Spielen hat – er ist oft doch sehr allein, hier im Palast, c) weil ich merke, dass für unsere Liebe ein neues Bindemittel hermuss, d) damit die Zweifler sehen, dass es was Ernstes ist mit Nici und mir. Ach ja, und e) damit, falls der ganze Scheiß hier doch noch den Bach runtergeht, mir irgendetwas bleibt. Wäre ja ärgerlich, wenn das alles umsonst gewesen sein soll.

Komisch, ich habe die ganze Woche nichts von Eric gehört. Ich hoffe, er hat sich nichts angetan.

Freitag, 22. Februar

Ich hatte eine ganz wunderbare Woche. Sehr ruhig und entspannend. Die Tage im Chalet waren sehr wohltuend, und auch das Yoga tut mir sehr, sehr gut. Ich bin jetzt schon wieder viel mehr in meiner Mitte. Jetzt, da ich als Première Dame nach meinem kommenden Album erst einmal keine Platte mehr werde aufnehmen können, überlege ich, vielleicht Mantras zu singen. Für Kinder. Die könnten dann mit den Einwandererkindern in den Vororten gesungen werden. Mein Guru meint auch, dass das sehr positive Eigenschaften auf die jungen Seelen hätte. Wir können gemeinsam, durch die Kraft der Spiritualität, versuchen, die Probleme zu lösen, die sie jetzt in die Gewalttätigkeit treiben.

Ich wollte meinem kleinen Schatz gleich davon erzählen, als er von der Arbeit kam, aber er war gar nicht gut beisammen. Er hatte die Bilder von seinem Staatsbesuch in Französisch-Guayana in den Nachrichten gesehen, wo er Boot fahren musste und die ganze Zeit so miefig dreinschaut. Er hat sich wahnsinnig aufgeregt, dass die so unvorteilhafte Bilder zeigen, und sich sofort das gesamte Material vom Sender schicken lassen, um zu sehen, ob es nicht noch andere Bilder gäbe. Wir haben bis um 3.20 Uhr dagesessen und gesichtet. Eine Aufnahme war dabei, wo er kurz gelacht hat (ganz süß!), aber da waren kopulierende Hunde im Hintergrund. Die konnte man auch nicht nehmen.

Immerhin aber geht es mit meinem neuen Album gut voran! Acht Songs haben wir jetzt bereits aufgenommen und abgemischt. Es wird eine sehr schöne Platte, sehr weich, sehr gefühlvoll. Ich habe mich jetzt doch entschlossen, *Bridge over troubled water* mit reinzunehmen, auch wenn Nici immer lästert, Simon & Garfunkel klängen so schwul. Ich habe mir dazu einen Clou überlegt: Ich werde das Lied auf Französisch singen, das klingt gleich viel härter. Und ich werde es meinem Schatz widmen. Das ist dann auch eine schöne

Nachricht fürs Volk. Etwas, das wir vielleicht gemeinsam im Fernsehen singen könnten, bei der Neujahrsansprache!

Eine ganz schreckliche Sache ist aber doch passiert: Letzte Woche noch habe ich mich gesorgt, weil ich so lange nichts von Eric gehört habe, und dachte, er könnte sich etwas angetan haben. Aber das war nur die Ruhe vor dem Sturm! Vorgestern ist er hier aufgetaucht und hatte »mein« Album komplett fertig. Es fehle nur noch mein Gesang! 18 Songs hat er geschrieben und eingespielt. Die Texte waren mit Tusche auf Seide gepinselt, und er stand vor dem Tor, um in meinem Keller-Studio den Gesang draufzulegen. Er sah wirklich wüst und ungewaschen aus und fing wieder damit an, dass ich irre, wenn ich den Zwerg eheliche und dass unsere Liebe unsterblich sei. Als ich ihm die Türe zuschlug, begann er im Garten eine Grube auszuheben, in der er leben wolle, bis ich zu ihm zurückkehren würde. Ich habe die Sicherheit gerufen, und die haben ihn festgehalten, bis der psychiatrische Notdienst kam. Jetzt ist er in einer Klinik am Stadtrand. Sein bunter Bus steht immer noch vor der Tür. Ich muss ihn dringend entfernen lassen, bevor Nici dumme Fragen stellt.

Am späten Abend

Ich bin etwas aufgeregt, morgen habe ich meinen ersten offiziellen Termin im Palast. Wir treffen die Geiseln, die vor wenigen Wochen aus der Farc-Gefangenschaft freigekommen sind. Ich hoffe, sie sind nett.

Samstag, 23. Februar

Kann bitte mal irgendetwas klappen! Gestern musste Nici zur Eröffnung der Landwirtschaftsmesse. Auch, um den Antrag zu unterstützen, die französische Küche zum Weltkulturerbe erklären zu lassen. (Ich finde, jetzt übertreiben die Franzmänner es etwas. Wenn ein gegartes Stubenküken Weltkulturerbe sein soll, dann ja wohl Pasta erst recht! Ich wette, dass weltweit mehr Pasta oder Hotdog gegessen wird als irgendein französischer Fraß. Außer Pommes frites vielleicht, das gebe ich zu, aber die kommen ja auch aus Belgien.) Also, nicht nur, dass sie ihn auf einem Mähdrescher in die Halle einfahren ließen, der mit der Größe eines Einfamilienhauses meinen armen Nici noch schmächtiger wirken ließ, nein, er ließ sich auch noch von so einem ungehobelten Bauerntölpel provozieren. »Blödmann, hau doch ab!«, hat mein dummer Ehemann gesagt und sich dabei auch noch filmen lassen! Es ist aktuell das meistgeklickte Stück auf YouTube. Und das, wo ich doch heute meinen ersten Auftritt habe. Geiseln treffen. Nun werden alle wieder noch genauer hinschauen, na, wie macht sie es denn?!? Ach Scheiße, dieser Idiot!

Montag, 25. Februar

Nein, nein, nein! Ich will das alles nicht! Die Presse von heute ist ein einziges Desaster! Eine Schmach, eine Pein! Eine mediale Truppenübung in Sachen Vernichtung! »Das Mädchen aus dem Élysée« werde ich genannt, »hilflos«, »ihre Unsicherheit raschelt wie Reispapier«,

»First Flop für die First Lady« – und erst die Fotos!!! Ich sitze da wie ein verschüchtertes Schulmädchen! Neben Nici, der souverän auf dem Sofa lümmelt, sehe ich aus, als würde ich gerade von meinem Vater auf einem katholischen Internat angemeldet! Ich brauche dringend einen Berater. So geht das nicht weiter!

Freitag, 29. Februar

Liebes Tagebuch, wir sind wieder zurück aus Afrika. Mein erster Staatsbesuch als Première Dame. Diesmal ist alles gut gegangen, zum Glück. Keine Patzer, keine Ausreißer. Allerdings wirke ich doch etwas blass auf den Bildern. Diese schwarzen Witwen-Fummel machen mich recht farblos. Auch fällt es mir schwer, immer zwei Schritte hinter Nici zu bleiben, wie dieses anachronistische Protokoll es verlangt. Das ist umso schwieriger, da seine Beinchen so kurz sind. In der Zeit, in der er zwei Schritte macht, habe ich ihn mit einem immer schon eingeholt. *Le Figaro* hat gelästert, dass wir uns für einen Staatsempfang zu verliebt geben würden. »Turteltauben im Kriegsgebiet« titelten sie. Das ist wieder der Neid des Kleinbürgers! Sie können es uns einfach nicht lassen. Maman hat völlig recht, wenn sie sagt, nur das Großbürgertum wäre wirklich frei und großzügig.

Dummerweise haben die Medien in der Zwischenzeit spitzgekriegt, dass Nici das Interview zu dem Blödmann-Skandal hat umschreiben lassen. Ich habe ihm ja gleich gesagt, dass er das geschickter anstellen muss.

Aber er meint, jetzt, da die Besitzer der Medienhäuser seine Freunde sind, könne ihm nichts mehr passieren. Ich bin überrascht, wie naiv er doch manchmal ist.

Heute habe ich gelesen, Eric sei eingeladen, in Nordkorea ein Konzert zu geben. Es läge aber noch keine Zusage vor. Ja, wie denn auch! Soweit ich weiß, ist der immer noch in der Psychiatrie, wegen der Nummer, die er hier neulich gebracht hat. Ich werde Mick mal anrufen, ob er vielleicht was weiß.

März

Der Schwerenöter und ich

(ich erzähle einen von Nicis Englisch-Fauxpas)

Samstag, 1. März

Ich bin so traurig! Heute Nacht habe ich meine Regel bekommen. Ich hatte so gehofft! Mein kleiner Nick war sehr teilnahmsvoll. Er hat mich zu seinem Lieblingschinesen eingeladen, aber mir war nicht nach Essen. Er hat dann stattdessen meine Füße massiert, und wir haben ein wenig *Wer wird Millionär?* geschaut. Zum Glück war es bis zur 16.000-Euro-Frage ganz leicht. Nici wird immer so grantig, wenn er die Antworten der ersten Fragen nicht weiß, und ich hätte es nicht ertragen, wenn er wieder alle Aufmerksamkeit bekommen hätte. Ich bin wirklich traurig. Ein Kind wäre so schön. a) Weil ich immer ein zweites wollte, b) damit Aurélien jemand zum Spielen hat, c) weil ich merke, dass für unsere Liebe ein neues Bindemittel hermuss, und d) damit mir irgendetwas bleibt, sollte der ganze Scheiß hier doch noch den Bach runtergehen.

Apropos Bach: Ende des Monats reisen wir nach England, um die Königin zu treffen. Ich habe schon einen karierten Reitanzug bei Gaultier in Auftrag gegeben. Ich kenne niemanden, der so mit Karo umzugehen weiß wie Jean-Paul.

Und leider, leider musste ich doch noch einmal toben! Ich hatte mir ja vorgenommen, ruhig zu bleiben und meine Mitte zu halten. Aber die Presse raubt mir den letzten Nerv. Kaum lassen sie von uns ab, inszenieren sie Cécilia, Nicis klebrige Ex, als die neue Diana. »Die Blessuren der Cécilia« titelt die *Gala*! »Ist sie die neue Diana?« Das hat mir doch gerade noch gefehlt! Wenn sich hier eine als Diana fühlen darf, dann ja wohl ich! Wenn eine das Gefühl hat, wir führten eine Ehe zu dritt und sie müsse den Mann teilen, dann bin das immer noch ich mit dieser alten Krähe im Rücken! Ständig ruft sie an, weil noch irgendwelche Reste von ihrem Malzeug im Palast sein sollen oder das Kind den Vater sehen will! Und wie weich seine Stimme dann wird. Aber nein, ich will mich nicht aufregen, das tut mir nicht gut, in meinem Zustand.

20 Uhr

Ein ganz kurzer, klitzekleiner Eintrag, gleich kommt mein Schatz von der Sitzung: Mir geht es wieder gut! Mir geht es so gut! Ich bin vorhin durch den Hintereingang ausgebüxt und zu Benjamin gefahren. Ich habe mich seit Wochen nicht mehr gemeldet, aber er war mir nicht bös. Er hat gesagt: »Carla, ich liebe dich, das weißt du, egal was du tust.« Wir haben eine Riesentüte geraucht, und das hat einfach, einfach gutgetan. Seither bin ich wieder ich selbst. Es war so wunderbar, einfach Carla zu sein, sich in seine speckigen Kissen zu lümmeln und einfach Ich zu sein. Ohne Aufgaben, ohne Kontrolle. Ich werde jetzt gleich Nici davon erzählen, dass wir wieder mehr wir selbst sein müssen. Und dass wir, dass das Volk dieses ganze Tamtam nicht braucht. Ich werde den Palast für das Volk öffnen lassen. Wir könnten Begegnungsräume einrichten. Menschen könnten hier »sein«, ohne zu »müssen«. Wir könnten eine neue Kultur des Regierens begründen. Eine Revolution der Macht starten. Wir könnten singen und tanzen – und Kinder würden diesen toten Palast zu einem Hort der Lebendigkeit machen. Benjamin hat mir noch was mitgegeben. Ich glaube, ich werde mir noch schnell ein kleines Röllchen bauen, bevor mein Präsident kommt.

Sonntag, 2. März

Oh, oh, das war keine gute Idee, ein Tütchen zu rauchen, bevor mein Schatz nach Hause kommt. Nicolas ist total ausgeflippt! Er hat mich ein Hippiemädchen geschimpft, das des Amtes der Première Dame nicht würdig sei. Ich machte mich mit dem Pack aus den Vorstädten gemein, hat er gezetert und gemeint, ich müsse mich entscheiden zwischen meinen Gossen-Freunden und ihm. Manchmal ist er doch ein arger Spießbürger, mein kleiner Franzose. Mit dem ist kein Staat zu machen. Ich kenne keinen Mann, der das so eng sieht.

Aber ich weiß ja, wie ich ihn bekomme … Ich habe das Sheherazade-Kostüm angezogen, ihm ein altes persisches Lied gesungen und dazu getanzt. Dummerweise bin ich über seinen Pantoffel gestolpert und ganz furchtbar umgeknickt. Nun liege ich hier, mit Eiswickel am Knöchel, und kann meinem Mann beim Schlafen zusehen. Toll. Doktor Leroc meint, ein paar Tage würde es wohl dauern, bis ich wieder auftreten kann. Zum Glück ist das Tonstudio im Keller. Ich werde mich vom Personal hinuntertragen lassen.

Montag, 3. März

Cécilia, die alte Krähe, hat ihre Hochzeit bekannt gegeben. Was ein Glück, dann bin ich sie vielleicht endgültig los! Will hoffen, dass es ihrem neuen Mann (den ich übrigens sehr charmant finde …) auch nicht passt, dass sie ständig hier anruft. Tatsächlich lässt sie ihr Kleid von Versace schneidern. Und das als Französin! Die Frau ist so eine Prolette!

Freitag, 7. März

Heute Nachmittag hat mich Mick angerufen. Von dem hatte ich ja ewig nichts gehört! Außer im Radio natürlich. Ich dachte, er lädt mich vielleicht zu einer Party ein – sein Siebzigster müsste ja bald mal sein –, aber nein. Er rief wegen Eric an. Der hockt immer noch in der Psychiatrie und ist wohl recht ansehnlich verwirrt. Knitter-Mick war bei ihm und schien wirklich geschockt. Er sagte, Eric rede nur von mir, und bat mich, ihn zu besuchen. Mick hatte mit dem Arzt gesprochen, und auch er ist wohl sehr dafür, dass ich vorbeikomme, um Eric »mit der Realität zu konfrontieren«. Ehrlich gesagt, ich finde das recht frech, habe aber gesagt, ich überlege es mir. Knitti hat mich dann tatsächlich noch um ein Autogramm von Nici für eine seiner Töchter angehauen, und auch das finde ich recht unverschämt. Ich habe gesagt, ich lass ihm was schicken, und dann aufgelegt. Was denken sich die Leute eigentlich? Dass ich jetzt hier den Cheerleader mache, oder was?

Habe heute das karierte Reiterkostüm für unsere Englandreise bei Jean-Paul abgeholt. Es ist wirklich sehr schön geworden. Ich habe gleich noch eines in Auftrag gegeben. Im Camouflage-Look. Falls wir mal nach Kuba müssen oder Somalia.

Montag, 10. März

Glück gehabt, die Wahlen sind nicht so niederschmetternd gelaufen wie befürchtet. Allerdings haben die Linken deutlich zugelegt und Nicis Konservative vielerorts überholt. Dir, liebes Tagebuch, kann ich es ja sagen: Mich freut das. Ich bin, ich kann da nicht aus meiner Haut, eine Linke. Also nicht durch und durch, dafür bin ich wohl einfach zu reich – wahrscheinlich kann man nicht hundertprozentig links sein, wenn man wirklich wohlhabend ist, schließlich möchte man sein Hab und Gut ja behalten –, aber so im Ansatz. Und über den Ansatz hinaus. Nici weiß das. Aber wir sprechen nicht drüber. Über die Inhalte schon, und ich tue auch mein Bestes, ihn aus seiner Aristokratenarroganzblase herauszuholen, aber ich sage ihm nicht, dass ich links wähle. Das würde ihn dann doch zu sehr treffen. Und ein wenig Loyalität kann er von seiner Ehefrau ja auch erwarten.

Jedenfalls hat er die Niederlage besser weggesteckt, als ich es erwartet hatte. Sicher auch, weil Jean, sein Sohn aus seiner allerersten Ehe, tatsächlich den Einzug in den Rat des Départements Hauts-de-Seine geschafft hat. Das freut mich für Nici, macht es für mich aber sicher nicht leichter. Ich wollte das eigentlich nicht so breittreten, und auch Nicolas soll es nicht erfahren, aber diese miese Goldlocke setzt mir ganz schön zu. Er lässt keine Gelegenheit aus, mich zu demütigen und mir Unverschämtheiten entgegenzuhalten. Meist auf sexueller Ebene. Zur Hochzeit gratulierte er mir mit den Worten »Sie müssen in der Tat etwas ganz Besonderes sein, Madame. Normalerweise fasst Papa nichts an, das andere schon in ihren ... na ja, Händen hatten.« Ich hätte ihm eine scheuern können, hab mich aber natürlich zurückgehalten. Das Letzte, was er brachte, war, mit einem Stapel des Fotos von mir zu kommen (das, auf dem ich nackt in Chanel-Stiefeln auf Lederpolstern liege) und zu fragen, ob ich die signiere. Für seine Kommilitonen ... Ich werde mir etwas einfallen lassen müssen für diesen Satansbraten. So, jetzt muss ich mich aber sputen, Nici kommt gleich aus dem Bad. Ich höre ihn schon gurgeln.

Dienstag, 11. März

Mein liebes Tagebuch, langsam verstehe ich, warum so viele Ehefrauen nicht ausgelastet sind. Vor allem, wenn man Personal hat. Ich frage mich, was die den ganzen Tag machen. Also eigentlich frage ich mich, was ich den ganzen Tag mache. Die Aufnahmen für mein Album stocken, Aurélien ist im Internat, Maman halte ich lieber auf Distanz. Derzeit führe ich ein ziemlich normales Frauenleben. Vor ein paar Tagen habe ich dem *Stern*, das ist das deutsche Blatt für Mover and Shaker, etwas über meinen Stil erzählt. Ehrlich gesagt, ich war etwas überrascht, dass die meinten, das sei interessant – ich habe weiß Gott viel, aber wenn ich eines nicht habe, dann ist das Stil. Den dunkelbraunen, fessellangen Kaschmirmantel trage ich seit 13 Jahren, und eine Weste überm weißen T-Shirt – ich glaube, das traut sich nicht mal mehr der Roadie von U2. Na, egal. Die Deutschen merken das eh nicht. Die lassen ja sogar ihre Kanzlerin wie ein Walross durch die Welt reisen. Jedenfalls hat es wirklich gutgetan, mal wieder so gefragt zu sein und im Mittelpunkt zu stehen. Wenn auch nur auf einer Seite.

Mittwoch, 12. März

Nici macht mich total verrückt mit seinen Megaporträts. Bettina Rheims hat ihn fotografiert. Da sie ja sonst meist Frauen in erotischen Posen ablichtet, bin ich ganz froh, dass man von Nici nur den Oberkörper sieht. Erst war er nicht besonders interessiert an den Bildern, aber nachdem ihn das Walross mit der Mittelmeerunion so hat auflaufen lassen, braucht er ein wenig Balsam für sein Ego. Nun will er die zwölf Bilder überall im Palast aufhängen. Leider hat die dumme Kuh die Fotos auf zwei Meter mal vier Meter abgezogen, und es ist absolut illusorisch, meinen kleinen Pygmée dazu zu bewegen, sich für ein etwas dezenteres Format zu entscheiden.

Nachmittags

Pah, Nicis Probleme möchte ich haben! Eben kam wieder einer von diesen Knödelpups-Beratern und hat einen Riesenwirbel gemacht. Wieder wegen Lancia. Die müssen die Werbeaufnahmen mit mir so über die Maßen groß auf dem Genfer Autosalon aufgehängt haben, dass es *das* Ereignis war (hihihi)! Die Première Dame auf dem Rücksitz ... Das sind alles solche Kleingeister!

Am schlimmsten aber ist, dass Victor oder Hugo oder Jean oder wie dieser Wicht nun wieder heißt, natürlich nicht zu mir kommt, sondern zu meinem Mann und sich dort beschwert. Zum Glück habe ich das Gespräch durch die Wand gehört, bin ins Zimmer gestürmt und habe ihm deutlich zu verstehen gegeben, dass er gefälligst mit mir zu reden hat, wenn ihm was nicht passt. Aber was soll's! Bei Nicis nächstem öffentlichen Fehltritt ist der sowieso weg ...

Donnerstag, 13. März

Heute ist etwas sehr Schönes passiert, das mir zeigt, wie sehr wir zusammengehören. Nici war mit dem Taxi nach Hause gekommen und betrat ganz beschwingt den Salon. »Ich habe eben etwas Tolles im Radio gehört!«, sagte er und strahlte mich an: »›Du bist der Tee, ich bin die Tasse. Du bist die Tonleiter, ich bin die Note. Du bist der Himmel, ich bin die Erde.‹ Das war schön! So etwas solltest du mal singen!« Ich hatte Glück, liebes Tagebuch, meine Gitarre lag auf der Le-Corbusier-Liege. Ich sagte nichts, begann zu spielen und setzte das Lied fort: »Du bist der Hintern, ich bin der Stuhl. Du bist das Ja und ich der Zweifel. Du bist der Schnurrbart von meinem Trotzki.« Er starrte mich an und begann zu verstehen: »Das ist von dir! Das warst du, die ich hörte!« Ich sagte nur leise: »Ja, Liebster!« Wir haben es dann sofort auf dem Boden getrieben, und ich kann nur sagen, es war ganz, ganz großartig (zum Glück hatte ich gestern gerade die Brücke, die Gaddafi bei seinem Besuch mitgebracht hatte, aufs Parkett gelegt, damit sie bei seinem nächsten Besuch wenigstens etwas benutzt aussieht).

Freitag, 14. März

Ich bin, ich kann es nicht anders sagen, etwas mitgenommen. Ich habe heute Eric in der Anstalt besucht. Eigentlich wollte ich ja nicht, aber sein Arzt rief mich erneut an und bat mich darum, da es seiner Gesundung sehr nützlich sein könne.

Um es kurz zu machen, der Idiot hielt mich für seine Mutter. Als er mich sah, begannen seine Augen zu leuchten, er sprang auf, rief »Mama!« und umarmte mich so stürmisch, dass er mich fast zu Boden riss. Ich habe dann ein wenig sein schmieriges Haar gekrault und zugesehen, dass ich aus dem Laden schleunigst wieder rauskomme. Ob das seiner Genesung zuträglich war, möchte ich bezweifeln. Ich hab danach erst mal einen Schnaps gebraucht und versucht, die Gedanken an diesen nervenaufreibenden Besuch durch Shoppen zu kompensieren.

Es ist mir nicht gelungen. Zwar habe ich mir zwei weiße Hosenanzüge, drei Gürtel, einen Vicuña-Pulli in Rautenoptik, vier CDs (auch *Johnny Depp spricht Brel*), ein paar rote Schlangenlederstiefel und drei Paar Ballerinas gekauft, trotzdem habe ich noch immer dieses tiefe Gefühl der Erschütterung und der Trauer in mir. Ich werde ein Mantra singen. Das hilft vielleicht.

Montag, 17. März

Gestern haben wir uns ganz schlimm gestritten. Ich glaube, so heftig war es noch nie. Ich habe mit meinen Ballerinas nach ihm geworfen und ihn einen provenzalischen Esel genannt. Dabei ist eine dumme Vase vom Regal gefallen, was schade ist, denn sie war ganz hübsch. Irgendetwas Chinesisches, Altes. Der Anlass: Nicolas passt es mal wieder nicht, dass ich meine Pariser Bleibe nicht aufgeben will. Er muss irgendwie mitbekommen haben, dass ich ab und zu meine Nachmittage dort verbringe. Jedenfalls hat er sich aufgeführt wie Rumpelstilzchen. Seit Cécilia ihre Heirat bekannt gegeben hat, ist er furchtbar gereizt. Sie telefonieren jeden Tag wegen irgendwelcher Alltagsbagatellen, und am Ende brüllen sie sich an.

Das mit den Ballerinas tut mir leid, obwohl es für eine Italienerin das Mindeste ist, ein paar Schuhe zu schmeißen. Apropos Schuhe: Die neue Kollektion von Jimmy Choo ist ganz, ganz großartig. Ich konnte nicht anders, als sie letzte Woche heimlich anzuprobieren. Diese Absätze! Sie schmeicheln meinen Fesseln sehr. Was würde ich dafür geben, darauf meinen nächsten Auftritt zu haben! Aber nein, ich stehe mitten im Winter mit nackten Füßen in irgendwelchen Kindersandalen auf den Empfängen rum und sehe aus wie Xanthippe bei den Römern. Mein einziger Trost ist, dass Nici, wenn er erst mal Ratspräsident der EU ist, noch eingebundener sein wird und ich öfters allein ausgehen kann. Ich werde mir wohl doch vier oder fünf Paar bestellen.

Paris Match hat freiwillig auf die Berichterstattung über Cécilias Hochzeit verzichtet. Ich meine, immerhin ist der Chef rausgeflogen, als er über Cécilias Affäre während ihrer Ehe mit Nici berichtet hat. Ich muss ehrlich sagen, ich weiß nicht, ob ich das gut finde. Bei allen Unwahrheiten, die die Medien nun auch schon über mich verbreitet haben, weiß ich nicht, ob ein Präsident so viel Macht über die Presse haben sollte … Trotzdem bin ich froh, dass Nici verhindern konnte, dass die Fotos von Tom Fords Geburtstagsparty veröffentlicht wurden, bei der ich so furchtbar in den Pool gekotzt habe.

Dienstag, 18. März

Ich kann aber auch gar nichts richtig machen! Egal was ich tue, immer ist es irgendwie falsch! Ich kann ja nicht kochen. Also jedenfalls nicht so doll. Aber natürlich möchte ich meinem Mann auch eine Frau sein. Also habe ich heute dem gesamten Küchenpersonal freigegeben und einen Salat gemacht. Und Eintopf gekocht. Also eigentlich sollten es drei arabische Gerichte werden, aber irgendetwas ist falsch gelaufen. Als ich alles zusammengekippt habe, war es eigentlich ganz passabel. Jedenfalls dachte ich, Nici und ich haben es schön zu zweit, und was passiert? Er kommt mit einem italienischen Wirtschaftsmagnat nach Hause, um in der »warmen Atmosphäre eines Heims« (Nicis Worte!) die Fäden zu spinnen. Super! Die beiden haben was beim Italiener bestellt, und ich saß in der Küche mit meiner arabischen Grütze. Ich glaube nicht, dass ich mir so bald noch mal die Mühe mache!

Donnerstag, 20. März

Doch, doch, doch, liebes Tagebuch! Dies ist wieder ein Tag, an dem ich weiß, warum ich diesen Mann geheiratet habe und nicht irgendeinen von den anderen Kandidaten: Nici hat den Abbau atomarer Waffen verkündet! Ich meine, das muss man erst mal können! Diese Macht muss man erst mal haben! Das bringt uns dem Frieden ein Stückchen näher. Und vielleicht auch dem Sozialismus. Es gibt aber noch einen anderen Aspekt, der mir zeigt, warum es richtig war, auf einen Mann mit Atommacht zu warten. Heute hat Nici die Flotte besucht und ist sehr telegen im Bauch des Atom-U-Boots verschwunden. Ich muss sagen, das fand ich schon sehr sexy. Mein Mann, der Flottenkapitän! Der Atomflottenkapitän! Um ihm heute Nacht das Ankern zu erleichtern, habe ich ein transparentes, schwarzes, bodenlanges Negligé übergestreift und eine der lackglänzenden Chauffeursmützen gemopst. Leider kam mein kleiner Kapitän jedoch so spät heim, dass ich auf der Chaiselongue eingeschlafen war.

Ostersonntag, 23. März

Nici hat sich wahnsinnig über die Manschettenknöpfe gefreut, sie sind aber auch sehr schön geworden: ein schlichtes goldenes Rund außen, der Knebel zum Verschließen ist mit je drei gelben Diamanten im Smaragdschliff besetzt. Das ist meine Antwort auf die Sozialneider, die es meinem Schatz verbieten, seine geliebte Philippe-Patek-Uhr zu tragen. Na ja, nicht verbieten, aber seine Berater hoffen, dass der »Verzicht auf die Zurschaustellung prunkhafter Accessoires und Lebensumstände« (so haben sie es im »Strategiebericht zur Imagekorrektur« festgehalten, diese Knödelpupser) den miesen Umfragewerten der letzten Zeit entgegenarbeitet. Die Knöpfe haben mich 17.000 Euro gekostet, aber das ist es mir wert. Selbst wenn sein Geschenk wahrscheinlich wieder nur ein Drittel wert ist.

Von Eric habe ich seit einer Woche nichts gehört. Zum Glück.

Mittwoch, 26. März

Habe vorhin einen Anruf von Ornella, meiner ehemaligen Agentin, erhalten. Von den Aktfotos, die Michel Comte 1993 für die italienische Vogue gemacht hat, soll eines bei Christies versteigert werden. Für den lächerlichen Schätzpreis von 3.000 Dollar. Ausgerechnet jetzt! Morgen fliegen wir nach England. Ich habe überhaupt gar keine Zeit für die Interviewanfragen!

Apropos England: Nici ist total aufgeregt. Er läuft wie ein aufgescheuchtes Huhn durch den Palast. Also ehrlich gesagt, läuft er wie Luis de Funès durch einen seiner Filme: klein, zappelig, hysterisch. Ich finde das ziemlich anstrengend und halte mich dezent im Hintergrund. Außerdem habe ich im Gegensatz zu ihm bereits die »100 goldenen Regeln zum Empfang bei Hofe« gelesen und fühle mich recht gut vorbereitet. Trotzdem – Nicis Umfrage-Referenten bestehen darauf, mir einen Berater an die Seite zu stellen. Heute Nachmittag noch kommt jemand vorbei. Die Eingriffe in mein Privatleben werden immer größer. Ich fühl mich schon wie Katie Holmes. Apropos Schrott: Posh und Beckham wollen uns unbedingt in London treffen. Habe Anweisung gegeben, das zu verhindern. Imageprobleme habe ich schon genug.

Freitag, 28. März

Ha! Was für ein Triumph! Was für ein Siegeszug! Wir sind wieder wer! Madame Rottmier (meine neue Imageberaterin) ist ein Glücksgriff. Erst habe ich mich furchtbar aufgeregt, weil sie mir untersagte, das karierte Reitensemble, das ich mir extra habe anfertigen lassen, einzupacken, und habe fast das Schreien bekommen, als sie mit diesem Jackie-Kennedy-geht-ins-Kloster-Kostüm daherkam (von Dior, diesem Trutschenverein) – aber das war alles goldrichtig! Die englische Presse lag mir zu Füßen, und wenn »Mr. Bruni«, wie sie meinen süßen Ehemann jetzt nennt, nun auch nur einen Stein im britischen Brett hat, dann deshalb, weil ich so großartig war!

Es war aber auch ein großer Spaß! Herr und Frau Windsor waren so freundlich zu mir! Die Königin war beinahe mütterlich und sagte: »Kindchen, sehen Sie zu, dass Sie Ihre Vergangenheit in den Griff bekommen.« Und Prinz Philip ist sehr charmant. Er hat sich als Kunstsammler zu erkennen gegeben und gefragt, ob er auch ein Foto bekommen könne. Ich glaube, sie haben mich gemocht, weil sie gespürt haben, dass wir vom gleichen Stand sind. Menschen von Rang.

Der Einzige, der keine gelungene Figur machte, war mein Schatz. Von der Größe her passt er zwar gut zur Königin (und ich zu Prinz Philip), aber wir müssen noch mal üben, dass er nicht immer, wenn er in irgendetwas sitzt, das sich bewegt (dieses Mal war es die Kutsche), so deppert grinst. Und auch an seinem Englisch müssen wir noch arbeiten. Beim Dinner – es gab vorzüglich gebratene Täubchen – sprachen wir von der großartigen Entwicklung, die die englische Küche seit Jamie Oliver gemacht habe, dem »Naked Chef«. Nici hört nur »Naked Chef«, grinst Prinz Philip breit an (wir saßen dem Königspaar vis-à-vis), schlägt mir auf die Schenkel und ruft quer über den Tisch: »I have naked chef, too!« Ich muss ja wohl nicht sagen, dass ich am liebsten im Boden versunken wäre!

Samstag, 29. März

Wenn wir doch immer auf Reisen sein könnten! Kaum dass wir wieder hier sind, zerren wieder alle an mir: Erics Psychiater ist auf dem AB und will, dass ich ihn anrufe, und Nicis impertinenter Sohn Jean beginnt wieder, seine Unverschämtheiten zu verteilen. Vorhin am Telefon war er zunächst ganz freundlich, was mich freute, schließlich wäre ich froh, wenn sich unser Verhältnis entspannen würde. Deswegen habe ich mir auch erst gar nichts dabei gedacht, als er fragte, was ich anhätte. Vielleicht bin ich auch einfach zu naiv … Erst als er wissen wollte, ob ich es mag, wenn mein Höschen beim Schuhezubinden kneift, ging mir ein Licht auf. Diese miese Ratte! Ich werde mir etwas ausdenken müssen, um diese Goldlocke im Zaume zu halten.

Montag, 31. März

Ich werde überwacht! Es ist nicht zu fassen! Ich werde vom Geheimdienst observiert! Ich! Heute Mittag, als ich für Eric ein paar Träubchen kaufte, die ich ihm ins Krankenhaus schicken lassen wollte, trug ich das »Free Tibet«-T-Shirt, das ich mir aus London mitgebracht habe. Da kamen zwei Herren auf mich zu und öffneten ihre Mäntel. Nach dem Telefonat gestern mit Jean habe ich sofort an Exhibitionisten gedacht und wollte gerade schreien, aber sie zeigten mir ihre Marke und baten mich, mitzukommen. Als wir um die Ecke waren, sagten sie, es ginge um das T-Shirt. Ich könne so nicht herumlaufen. Es könne die Regierung in Schwierigkeiten bringen. Schließlich sei China Hauptlieferant für Kondome und Froschschenkel. Ich habe sofort Nici angerufen und verlangt, er solle das klären. Dabei stellte sich heraus, dass er natürlich wusste, dass ich überwacht werde. »Zu deiner Sicherheit.« Ich bin außer mir! Diese Froschfresser!

April

Doofes Foto, aber zumindest recht natürlich

Dienstag, 1. April

Nach den Mühen der letzten Wochen erlebe ich endlich wieder glanzvolle Tage. Es ist wie zu meinen besten Tagen als Model! Als Enfant terrible bin ich nach England gereist – als »Première Dame des Stils« bin ich zurückgekommen. Seit unserem Besuch rennen mir die Modemacher die Tür ein. Windsor, Escada, Laurèl & Hardy – sie alle werfen mir ihre (Schreckschrullen-) Kleider vor die Füße – ich brauche sie nur aufzuheben. Alle wollen mich! Endlich bin ich wieder im Gespräch. Und endlich, endlich nicht wegen meiner Ehe, meiner Intelligenz, Eloquenz oder meiner Musik. Sondern einfach wegen meines Äußeren. Wegen meiner Schönheit und meiner Grazie. Diese Momente sind mir die liebsten – wenn es einzig darum geht, dass ich leuchte. Aus mir heraus für die anderen. Wenn ich der Stern an ihrem Firmament bin und nichts leisten muss, außer zu sein.

Mittwoch, 2. April

Heute war eine mit Wachsfarben gemalte Karte in der Post. Von Eric aus der Psychiatrie. Viel Bunt, viel Schwarz, viel Wirrwarr. Zuerst dachte ich, es sei eine Spendenbitte vom Waldorfkindergarten, aber nein, Eric wollte sich für die Trauben bedanken, die ich ihm habe schicken lassen. Er sagt, er fühle sich schon besser, die Ärzte seien sehr gut, und die Medikamente würden bewirken, dass er schon wieder klarer sehe. So klar kann er aber doch noch nicht sehen, meint er doch, das Bild zeige mich! Jedenfalls, sagt er, lerne er nun, dass seine

Liebe zu mir nur eine Projektion sei und es in Wahrheit um das Verlassenwerden durch seine Mutter geht – der übliche Psychokram. Und ob ich ihm einen Strumpf schicken könnte – ich weiß nicht, was das nun wieder soll, hoffe aber, dass es ihm hilft. Wahrscheinlich basteln sie in der Therapiegruppe Voodoo-Püppchen aus den Socken Verflossener und befreien sich so von den Dämonen der Liebe … Ich weiß, ich sollte nicht so garstig sein und Mitleid mit dem armen Kerl haben. Hab ich auch. Ich pack ihm nachher eine ein.

Ich habe heute neue Büroräume bezogen. Ich. Büroräume. Wozu ich die brauche, weiß ich nicht. Aber es ist auf jeden Fall gut, welche zu haben.

Donnerstag, 3. April

Ich bin ganz schrecklich aufgewühlt! Ich dachte, Eric sei in der geschlossenen Abteilung, fern von aller Verbindung nach außen – aber irgendwie muss er an ein Telefon gekommen sein. Es klingelte, ich hob ab und eine völlig hysterische Stimme brüllte los: Was ich mir dabei gedacht hätte, ob ich meine, ich könnte ihn verarschen, dann folgten böse Beschimpfungen, bei denen »Miststück« noch die harmloseste war. Natürlich habe ich ihn gleich erkannt, er schrie ja auf Englisch, aber ich habe nicht gewusst, was er wollte. Er brüllte immer nur »The sock, the sock!« – irgendwann habe ich verstanden, um was es geht. Er hatte gewollt, dass ich ihm eine *benutzte* Socke schicke! Eine getragene – puah, wie unappetitlich! Ich habe versucht, mich durch das Singen eines Heilmantras zu beruhigen, aber es will nicht greifen. Vielleicht sollte ich mir ein kleines Tütchen bauen. Ich weiß, Drogen sind keine Lösung. Außer manchmal.

Freitag, 4. April

Die Sache mit Eric setzt mir doch mehr zu, als ich zunächst dachte. Sein Anruf hier ist wie ein Eindringen. Dieser Irrsinn, der auf einmal im Raum war. In MEINEM Raum ... Und überhaupt, es ist, als hätte sich nach England ein riesiges Loch aufgetan. Kaum dass die Aufregung verebbt, habe ich das Gefühl, nur eine leere Hülle zu sein. Ohne Aufgabe, ohne Zweck. Ich bin die Kleiderpuppe des Präsidenten. Wie in England. Und so wird es bleiben: Wenn er in irgendeiner Bananenrepublik punkten muss, werde ich aus dem Schrank geholt und darf aufmarschieren. In einem tantengrauen Taubenkostüm, mit einer Fußhaltung, dass man meint, ich hätte mir Sekundenkleber zwischen die Schenkel geschmiert. Dabei will ich doch nur ich sein. Carla, das Mädchen mit der Gitarre. Es ist, als hätte man dem Schmetterling die Flügel ausgerissen. So als läge mein Körper kraftlos am Boden und kann sich einfach nicht mehr erheben.

Sonntag, 6. April

Nici ist so lieb zu mir. Er merkt, dass es mir nicht gut geht, aber ich möchte ihn nicht mit meinen kleinen Wehwehchen belasten. Es ist schon genug, dass er seit

England nur noch »Mr. Bruni« ist. Und auch, dass meine Intervention bei der Besetzung des Chefpostens in der Villa Medici durch die Presse ging, war seinem Ego nicht gerade zuträglich. Da am Wochenende alle Kinder bei uns waren, schlug er vor, einen Familienausflug zu machen, eine Wanderung im Wald. Ich fand die Idee, etwas zu tun, das unserer Privatheit und Innerlichkeit dient, sehr schön – und war dann etwas überrascht, als Nici mit Rucksack, Knickerbockern und Wanderstiefeln auflief. Wir flogen mit dem Hubschrauber an den Stadtrand, zum Wald. Als wir ankamen, war die gesamte Presse vor Ort. Ich muss sagen, das hatte ich mir doch ein bisschen anders vorgestellt.

Mittwoch, 9. April

So geht das nicht weiter! Ich habe höchsten Respekt vor Nicis Arbeit, aber ich bin nicht gewillt, ständig irgendwelche Verbrecher zu bewirten. Erst Gaddafi, heute Abend Berlusconi. Die Fratze hatte sich selbst eingeladen, um Allianzen zu schmieden, für nach der Wahl. Dieses »Wir Aufsteiger müssen doch zusammenhalten«-Kumpanen-Getue. So ein Widerling! Ich hatte versucht, mich mit Kopfschmerzen zu entschuldigen, aber Nici bestand darauf, dass ich dem Essen beiwohne. Ich konnte ihm ja schlecht sagen, dass ich auch deshalb so angewidert war, weil ich weiß, wie der Mann untenrum aussieht. Ich hatte es schon fast vergessen, dass ich das weiß. Ich bin mir auch nicht sicher, was da war, ich weiß nur noch, dass da was war. Auf irgendeiner Party von Fiat-Edoardo Agnelli in den Neunzigern. Wir waren zu dritt, und ich erinnere mich, dass ich ziemlich erschrocken war, wie wenig da war. Egal, Berlusconi ist mit seinem erstarrten Gesicht auch so entsetzlich genug. Und diese platte Selbstgefälligkeit! Auf Nicis Frage – der ja außer russischem Wasser mit Putin wirklich nie Alkohol trinkt –, ob er einen Cognac wolle, grinst er verschwörerisch und sagt: »Das wärmste Jäckchen ist doch das Cogn-jäckchen!« Ha, ha, ha! Was haben wir gelacht!

Den Vogel aber hat er vor dem Essen abgeschossen: Sein Handy klingelt. Er geht in die Ecke des Raumes, wendet sich halb ab, spricht italienisch und ist doch tatsächlich so dreist, zu bestätigen, dass zwei brünette Prostituierte für »wenn ich hier fertig bin« auch in Ordnung gingen. Ursprünglich sollte eine wohl blond sein. Als er sich umdrehte, muss ich ihn so fassungslos angestarrt haben, dass ihm blitzartig einfiel, dass auch ich des Italienischen mächtig bin. Er grinste verlegen und murmelte irgendwas vor sich hin. Ich habe ihm direkt ins Gesicht geguckt, den Kopf ohne weiteres Wimpernzucken zu Nici gewandt und gesagt: »Ach Schatz, erinnere mich doch bitte daran, dass ich noch Shrimps bestellen muss!« Ich glaube, es hat gewirkt. Er war danach sehr leise und hat Cognac Cognac sein lassen.

Donnerstag, 10. April

Was bin ich hier eigentlich?!? Dass ich die Anziehpuppe bin, die zu Repräsentationszwecken auflaufen und dem kleinen Präsidenten den Ruf retten darf, habe ich langsam verstanden. Nun aber soll ich hier als Geiselgattin etabliert werden! Weil es so gut geklappt hatte, Cécilia als die Retterin der bulgarischen Krankenschwestern zu inszenieren, soll nun ich morgen die von Piraten entführten Segler in Empfang nehmen. Nicht nur, dass ich mich neulich mit den befreiten Farc-Geiseln fast zu Tode gelangweilt habe (vielleicht sind die so fade geworden, weil die Kidnapper so humorlos waren), nein, jetzt soll ich auch noch den Geretteten auf einem Ponton im Meer entgegenschwimmen. Von Kamerakränen umrankt, selbstverständlich. Manchmal frage ich mich, was die hier in Frankreich eigentlich für ein Frauenbild haben. Als Nächstes werden sie mir wohl vorschlagen, mich im Rahmen einer Homestory in der Küche, umgeben von Köchen, fotografieren zu lassen.

17 Uhr

Ich glaube, ich bin verhext. Egal wo ich hinkomme, überall dudelt Erics schreckliches Gequake. Im Taxi, im Wartezimmer meines Gynäkologen, im Showroom von Givenchy. Manchmal glaube ich, er verfolgt mich durchs Radio.

Freitag, 11. April

Mein Nacktfoto hat 91.000 Dollar gebracht. Alles andere wäre ja auch peinlich gewesen. Vorher lächerliche 3.000 Dollar Schätzpreis! Ein unbekannter chinesischer Kunstsammler hat es gekauft. Hihihi, von wegen! *Ich* habe es gekauft! Die Vorstellung, dass es wie Sauerbier angeboten wird: »Will denn keiner mehr bieten, für das Aktfoto von Carla Bruni? 2.000 zum Ersten! Da höre ich 2.050.« Nein, das ist ja ganz unmöglich! Was ein Glück, dass ich so reich bin. 91.000 Dollar für meine Ehre. Das ist geradezu ein Schnäppchen!

Montag, 14. April

Jetzt bin ich schon drei Monate verheiratet! Drei Monate! Das ist so eine Art magische Zahl. Früher war es schon etwas Besonderes, wenn ich es ausgehalten habe, drei Monate lang mit ein und demselben Mann ins Bett zu gehen. Und jetzt das! Aber es ist schön. Noch immer. Ich gebe zu, dass unsere Ehe nicht mehr das ist, was sie am Anfang war, aber das aufregende Leben als Première Dame hilft, den blätternden Lack zu kompensieren.

Apropos Lack: Ich habe meinem kleinen Präsidenten zu unserem Jubeltage ein Paar Krokoschuhe machen lassen. Er hat sich sehr gefreut, meint aber, sie nur im Garten tragen zu können, weil er doch nicht länger als »Präsident Bling-Bling« gelten will. Natürlich bin ich enttäuscht und habe eingewandt, dass das übertrieben sei, schließlich guckt ihm ja keiner auf die Füße. Da schaut er etwas traurig zu mir hoch und sagt: »Doch, Liebes. Alle gucken auf meine Füße.«

Dienstag, 15. April

Ich bin immer noch nicht schwanger. Aber wir hatten ein wunderbares Wochenende! Endlich wieder Zeit für uns. Keine Termine, kein Empfang. Nur Nici und ich. Aurélien ist bei Maman, schließlich braucht er neben dem Internat auch Familie. Wir haben bis um zehn im Bett gelümmelt, und weil wir uns nicht entscheiden konnten, ob wir uns ins samstägliche Getümmel stürzen oder uns lieber einen Gemütlichen zu Hause machen sollen, hatte ich die Idee, wir könnten durch den Palast schlendern. So wie Fremde. Zuerst hat Nici wieder nichts verstanden. »Wieso fremd? Wir wohnen doch hier!« Aber dann war es doch sehr lustig.

Wir taten so, als seien wir Eindringlinge, und niemand sollte uns entdecken. Wir hatten so viel Spaß! Wir waren quasi ständig auf der Flucht vor dem Palastpersonal, das wir »die Bewacher« nannten. Hand in Hand sind wir durch das riesige Haus gelaufen wie in einem Schwarz-Weiß-Film aus den Sechzigerjahren. So ausgelassen war ich lang nicht mehr. Zweimal haben wir uns geliebt. Im Gästebad, was leider etwas kalt war auf den Marmorfliesen, und unter dem Treppenaufgang im Ostflügel. Wenn nur das Leben immer so sein könnte, so leicht und unbeschwert!

Donnerstag, 17. April

Ich habe es befürchtet: Berlusconis Wahlsieg bestärkt Nici in der Absicht einer Operation. »Siehst du«, hat er gesagt, »man muss nur jung aussehen, dann nehmen einem die Menschen die Überlegenheit auch ab!« Ich habe versucht, ihm klarzumachen, dass seine Werte nicht besser, das Volk nicht zufriedener wäre, wenn er jünger aussehen würde. Aber gegen die schlechtesten Umfragewerte, die ein französischer Präsident je hatte, komme ich mit Logik nicht an. Im Gegenteil, Nici wurde immer aufgebrachter.

Zum Glück stand meine Gitarre griffbereit neben dem Sofa. Ich habe ganz zart ein Lied für ihn gesungen: »Mein kleiner Präsident / Du regierst mit harter Hand und auch Verstand / Doch das Leben ist kein Film / Es ist vielmehr ein Tier / Mal ist es wild und bunt / Dann wieder wie Kätzchen auf deinem Schoß / Lass mich die kleine Katze sein / Mein kleiner Präsident.«

Nici ist dabei ganz sanft geworden, hat seinen Kopf auf meinen Beinen abgelegt und ganz tief geatmet. Es war schön und innig. Einen neuen Botox-Termin hat er sich trotzdem geben lassen. Obschon der letzte gerade fünf Wochen her ist. Irgendetwas ärgert ihn an Berlusconi. Wahrscheinlich, dass der sein Kabinett mit vorwiegend attraktiven Frauen besetzt, während die Grande Nation mit lauter Vogelscheuchen auf die internationalen Termine muss.

Und ich?!? Als hätte ich es geahnt, soll ich mich doch tatsächlich, um das Image als standesgemäße Première Dame zu festigen, mit Köchen in der Palastküche fotografieren lassen! Ich fasse es nicht! Diese PR-Berater sind allesamt Schwachköpfe. Wenn die nur ein bisschen wach wären, wüssten sie, dass sich ein Raum mit Kupfertöpfen nie vernünftig ausleuchten lässt. Die Gesichter werden immer gelb!

Freitag, 18. April

Ach, liebes Tagebuch, ich weiß gar nicht, was ich denken soll. Ich war vorhin in Saint-Germain unterwegs, als mich eine blinde Wahrsagerin ansprach. Sie wollte mir aus der Hand lesen. Keine Ahnung, wie sie das macht. Das Praktische aber ist, dachte ich mir, dass sie ja nicht weiß, wer ich bin, das ist ja mal eine gute Voraussetzung. Wer weiß, von welchem Zeitungsschund sie sonst beeinflusst wäre. Also gab ich ihr meine Hand. Sie war ganz angetan von meiner Lebenslinie, die lang und kraftvoll sei. Ich müsse mir keine Sorgen machen, sagte sie, ich sei eine Person, die immer gut durch das Leben kommen werde. Und sie las in meiner Hand, dass ich Freude an den kleinen Dingen hätte. Das Kleine, sagte sie, spiele in meinem Leben eine große Rolle.

Mein Herz begann wild zu pochen, ein Kind, vielleicht doch noch eine Schwangerschaft! Aber nein, meinte sie, »le petit« sei bereits da. Es sei das, was jetzt meine volle Aufmerksamkeit fordere. Mein Mann, na toll! Außerdem sah sie, dass ich viel allein bin. Da musste ich weinen, ich fühlte mich schrecklich ertappt. »Seien Sie nicht traurig, Kind!«, sagte die Hellseherin. »Sie haben noch Großes vor sich! Haben Sie mal daran gedacht, Ihren Gefühlen durch Musik Ausdruck zu geben?«

Ach, mein liebes Tagebuch, was soll ich bloß tun? Jetzt, wo meine Plattenaufnahmen ruhen müssen, weil es sich für eine First Lady Frankreichs nicht ziemt, die Charts anzuführen …

Sonntag, 20. April
nachts

Nici und ich waren in der Oper. *Madame Butterfly*. Ihr Schicksal – mein Schicksal. Ich habe so weinen müssen! Nici hat sofort einen Arzt kommen lassen, weil er dachte, ich hätte was im Auge. Am Donnerstag will er zur Lage der Nation ein Live-Interview geben. Ich hoffe, er stellt sich dabei weniger dämlich an.

Dienstag, 22. April

Nein, nein, nein! Ich will das alles nicht. Kann mir mal jemand sagen, wozu ich diesen ganzen Scheiß hier veranstalte?!? Ich weiß, ich habe diese Frage schon öfter gestellt. Seit ich hier lebe eigentlich täglich, wenn ich mich recht erinnere. Ich bemühe mich wirklich redlich, meiner Rolle gerecht zu werden, Nici die Frau zu sein, die er braucht, um ein Land wie Frankreich zu regieren. Ein Land, das kaum mehr von ihm regiert werden will, um ehrlich zu sein. Also bin ich Ehefrau, Freundin und Beraterin, Hure und Heilige. Hure und Heilige ist dabei die einfachste Übung. Das liegt quasi in meiner Natur.

Auch die Freundin, die Beraterin fällt mir nicht schwer. So war ich zum Beispiel der Meinung, dass er nicht länger mit dieser alten, abgewarzten Aktentasche herumlaufen kann. Ehemals gelbbraunes Leder, die Nähte schon dreimal nachgenäht. »Make Love not War!« hat er darauf gekritzelt und »Uriah Heep«. Das ist doch wirklich etwas albern. Ich hab ihm bei Hermès eine anfertigen lassen, die seines Amtes würdig ist: feinstes gregorianisches Büffelleder, innen habe ich sie mit südamerikanischer Echse ausschlagen lassen.

Und nun das! Kann mir mal jemand sagen, womit ich das verdient habe? Heute Morgen gucke ich in die Tasche, weil Nici wieder mal nicht wusste, wo er die Einladung zum Jahresempfang der Fremdenlegion gelassen hatte. Und was entdecke ich da? Was kommt mir blau und stinkend entgegen? Die Brote, die ich Nici jeden Morgen schmiere! Sechs blau verschimmelte Papierbrottüten, zwei schon an der Echse festgewachsen! Ich muss ja wohl nicht sagen, dass ich einen mordsmäßigen Anfall bekommen habe! Ich meine, wozu mache ich das wohl?!? Stehe hier um sechs Uhr dreißig und belege belgisches Graubrot mit Wachtelbrust, Mayonnaise und bretonischer Endivie! Das mache ich nicht, weil ich nichts Besseres mit meiner Zeit anzufangen weiß. Das mache ich, um eine gute Ehefrau zu sein! Eine E-H-E-frau. Wenn das so weitergeht, kann er sich bald über das Wort *E-H-E-mals* Gedanken machen.

Mittwoch, 23. April

Hi, Tagebuch! Ich habe mir gerade ziemlich einen angeballert. Heute sind die Kochbilder veröffentlicht worden, die wir letzte Woche in unserer Küche produziert haben. Es ist so, wie ich gesagt habe. Man kann Räume mit Kupfertöpfen einfach nicht vernünftig ausleuchten. Alle Gesichter gelb. Was mich aber am meisten überrascht, ist, wie ich aussehe. Wie ein Volldepp. Ich meine, ich habe das mal professionell gemacht, Model sein. Und trotzdem sehe ich aus wie irgendeine biedere Pariser Hausfrau, die beim Chef auf die Flamme schaut. Dieser Hof verdirbt mich total. Mein Charme, mein Sexappeal, mein ungestümes Ich. Eingetauscht gegen Klamotten von Escada und die Ausstrahlung einer Schuldirektorsgattin. Wo sind meine Rock-'n'-Roll-Freunde? Warum erkennt keiner mein Elend? Warum holt mich hier keiner raus?

Donnerstag, 24. April

Nici ist seit der Sache mit den Broten total süß zu mir. Er möchte »es wieder gutmachen«, hat er gesagt und mir einen Umschlag überreicht. Nicht genug, ein Kind ins Internat abgeschoben zu haben, nun habe ich auch noch eines zu Hause. In dem Umschlag waren zwei Karten für *Holiday on Ice.* Was soll ich dazu sagen, er hat es ja gut gemeint …

Samstag, 26. April

Gerade war ich dabei, Nici zu verzeihen, in ihm wieder zu sehen, was er mir mal war, ein Mann, ein Mann mit Atommacht, ein Herrscher und vor allem derjenige, der mir die Welt zu Füßen legt, da offenbart er wieder eine Seite, die mich doch sehr zweifeln lässt, ob ich hier richtig bin. Ich habe beim Aufräumen einen Kleidersack mit Klamotten von Cécilia gefunden. Ich dachte, sie hätte ihren Krempel jetzt langsam mal abgeholt. Alles feinstes Zeug, höchstens ein-, zweimal getragen. Natürlich habe ich Nici gefragt, was ich damit machen solle. Da hat er doch allen Ernstes, und ich meine wirklich allen Ernstes, gesagt, ich könne sie doch tragen. Ich hätte ja schließlich die gleiche Größe, wäre genau der gleiche Typ, ich sei ja Cécilia in jung. Also fast jung. Jetzt wo mit Bling-Bling Schluss sei, sei das doch das richtige Zeichen für das Volk. Zufrieden zu sein mit dem, was man hat. In Deutschland hätten die das auch gemacht: Da habe die Neue vom ehemaligen Bundeskanzler Kohl nach dem Selbstmord von Frau Hannelore auch die alten Kostüme aufgetragen. »Ich bin aber keine Deutsche!«, habe ich ihn angeschrien. »Io sono italiana!« Und damit er gleich einen passenden Eindruck bekommt, was das bedeutet, habe ich den Sack vor ihm ausgekippt, den Hennessy Ellipse, der zum Glück griffbereit stand, darübergekippt und den ganzen Plunder angezündet.

Natürlich ist der 370 Jahre alte Parkettboden hin. Aber für Nicolas war es ein Zeichen, das er mal wieder gebraucht hat. Der Sex danach war unglaublich.

Dienstag, 29. April

Ich weiß nicht, mein liebes Tagebuch, ob es Dir aufgefallen ist – ich habe seit zwei Wochen nichts von Eric geschrieben. Ich hatte über diesen Umstand jubeln wollen. Hatte mir vorgenommen, Eric endlich, endlich links liegen zu lassen, ihn zu ignorieren und seine schlechte, weil kranke Energie nicht länger in mein Leben hineinzulassen. Nun merke ich, wie traurig es mich doch macht. Wie sehr ich mit diesem Mann fühle, den ich zwei Wochen missachtet habe. Ein einsamer Mann in der einsamen Zelle einer französischen Psychiatrie. Wenn ich ehrlich bin, rührt mich das doch sehr an. Nicht weil er da sitzt, sondern weil es auch mein eigenes Schicksal ist. Meine Situation ist doch kaum anders als seine: völlig isoliert. Eingekerkert in den jahrhundertealten Mauern der Grande Nation. Nur habe ich mir mein Schicksal selbst gewählt, ich dumme Pute.

Mittwoch, 30. April

Heute Morgen – ich sitze jetzt morgens für ein, zwei Stunden in der Frühlingssonne, ich habe ja sonst nichts zu tun – war da wieder dieser junge Gärtner. Ich habe ihn schon ein paarmal gesehen. Ein hübscher Bursche, Anfang dreißig vielleicht. Er grüßt immer sehr freundlich und schenkt mir ein bezauberndes Lächeln. Letzte Woche hatte er mich bereits einmal angesprochen, heute kam er und brachte mir eine wunderschöne Kamelienblüte. »Pour la belle de jour«, sagte er. Ich wurde ganz rot! Wie ein Teenager!

Natürlich musste ich an den Film mit Catherine Deneuve denken. Ich blickte in seine Augen und fühlte mich so erkannt! Ich, die schöne Unglückliche. Gefangen im Zwangskorsett der Etikette. Auch ich unterdrücke meine ungestüme Leidenschaft, die dunkle, aufregende Seite meiner Identität. Am liebsten hätte ich gesagt: Entfessle mich, befreie mich, mach mich zu deiner Hure! Hole mein wahres Ich hervor, bitte, bitte quäle mich mit deiner Liebe, aber lass mich nur lebendig sein!

Ich muss so ewig lang vor mich hin gedacht haben, denn als ich wieder aufblickte, war Joseph, so heißt er, bereits wieder am Ende des Parks angelangt.

Mai

In der Großmarkthalle – ich sehe ein bisschen wie eine Tippelschwester aus, finde ich

Donnerstag, 1. Mai

Bonjour tristesse! Es ist noch früh am Morgen, und ich bin bereits niedergeschlagen. Das Einzige, das mir noch etwas Leben einhauchen kann, sind Gedanken an Sex. Später kommt einer von Nicis Imageberatern. Wir wollen über mein Ehrenamt sprechen. Ich! Ehrenamt! Was soll das sein? Plätzchenbacken für Diplomaten mit Schlaganfall? Dem Innenministerium bei der Kärcher-Ausgabe helfen?

Freitag, 2. Mai

Ich habe Nici beim Coach angemeldet. So geht das nicht weiter. Er braucht dringend jemanden, der ihm dieses Louis-de-Funès-Gebaren austreibt. Seit er auf dem G-8-Gipfel besoffen war, hat er nicht mehr so einen peinlichen Auftritt gehabt wie bei der Verleihung des Karlspreises. Ein Gefratze und Getue! Und dann dieses »Angela, ich liebe Sie«-Gekaspere.

Was ein Glück, dass ich nicht dabei war. Nicht nur, dass ich kaum gewusst hätte, wie ich den Demonstranten hätte entgegentreten sollen, mit meinem linken Herzen, das so unerkannt unter dem Kaschmirmantel der Bourgeoisie schlägt … Nein, ich hätte auch kaum diese Schmach ertragen, danebenzustehen, wenn mein Ehemann so tut, als sei ausgerechnet Frau Merkel eine mögliche Wahl. Ich meine, das muss man sich nur mal vorstellen! Allein die Frage, wer oben liegt!

Samstag, 3. Mai

Es ist Wochenende. Schon wieder. Schon wieder sind die Kinder hier. Alle wollen grillen. Mir ist das zu viel, ich möchte einfach nur meine Ruhe haben und bin in meinen Salon gegangen. Nici lässt gerade den Grill von Michel Bras, dem Sternekoch aus Laguiole, einfliegen. Dass er auch immer um alles so ein Gedöns machen muss.

Montag, 5. Mai

Liebes Tagebuch, warum gerate ich immer an Kerle, die sich einbilden, dass es heiß sei, wenn sie ihren Penis mit Namen anreden? Oder wollen, dass die Frau es tut? Das ist genau so ein Schwachsinn wie die Behauptung, Frauen wären wild aufs Blasen.

Wenn es einen Grund gibt, dass Frauen das tun, also blasen, dann weil es einer der wenigen Momente ist, wo man Männer wirklich zu fassen bekommt. Wo sie wimmern und jammern und ganz in unserer Hand sind. Also, im übertragenen Sinne. Aber wie soll ich einen Mann ernst nehmen, der mich fragt, ob ich mal den Regierungsstab Frankreichs anfassen wolle? Ich bin ja einiges gewohnt. Von Donald dem TRUMPel zum Beispiel, der immer meinte, ich solle doch mal das Licht in seinem Trump-Tower anknipsen, von Mick, der sein Ding »Lady Jane« nennt, oder Eric, der immer kam, wenn ich rief: »Oh Clapton, mein Clapton!« Was sich Jean aber geleistet hat, schlägt dem Fass den Boden aus! Nicht nur, dass es seinem Vater gegenüber eine Frechheit ist, mich so anzugehen. Es ist auch so amtsanmaßend! Das Jüngelchen hat es ja noch nicht einmal zum Bürgermeister gebracht!

Dienstag, 6. Mai

Liebes Tagebuch, ich glaube, es ist meine Schuld, dass es Eric so schlecht geht. Wäre ich nicht so ein egoistischer, überheblicher und kaltschnäuziger Mensch, säße er nicht in der Klapse. Ich bin so froh, Aurélien in einem guten Internat untergebracht zu haben. Ich tue ihm nicht gut. Er soll fröhliche Menschen um sich haben, nicht eine so zerstörerische Mutter, die Verderben über die bringt, die sie lieben.

Abends

Habe heute in der Klinik angerufen. Eric geht es schon besser. Sie haben die richtige Medikamenteneinstellung für ihn gefunden. Der Professor meint, wenn es keinen Rückfall gibt, ihn schon in zwei, drei Wochen entlassen zu können. Wenigstens das.

Mittwoch, 7. Mai

Das Grau lastet immer schwerer auf mir. Meine Tage hier im Palast sind wie fahle, hohle Hüllen. Eine dumpfe Schale, die mich umgibt, mich abschirmt von den anderen. Mein Kern, mein Wesen, mein Ich – immer seltener kommt es mit den anderen in Berührung, immer seltener bin ich wirklich berührt. Ich bin erschrocken, wie schnell es dieses Mal geht. Es ist, als rase die bleierne Schwere in Siebenmeilenstiefeln auf mich zu. Ihre Vorhut ist schon seit Tagen da, nun kommen die restlichen Bataillone, um meine Seele zu besetzen. Sich auszubreiten und ihre mit lähmendem Gift getränkten Widerhaken in mein Fleisch zu bohren. Ich will das alles nicht. Will so eine Zeit nicht noch mal erleben. Maman kommt morgen zu Besuch. Sie bringt mir ein wenig Prozac mit.

Donnerstag, 8. Mai
abends

Maman ist wieder abgereist. Sie hat einen Termin mit Chou-Chou, um die Nase richten zu lassen. Anfang Juli ist eine große Pudelschau in Monte Carlo, und dann soll ihr kleiner Liebling nicht wieder nur Platz vier belegen. Ich fühle mich schon besser. Ehrlich gesagt, es kommt mir heute total albern vor, dass ich so einen Aufstand gemacht habe wegen so eines bisschen Trübsinns. Ich muss endlich lernen, mich nicht immer so ernst zu nehmen.

Freitag, 9. Mai

Paris Match hat Fotos von unserer Hochzeit veröffentlicht. Ich habe keine Ahnung, wie die dort hineingekommen sind. Und ich weiß auch nicht, warum ausgerechnet diese Bilder ausgesucht wurden! Ich sehe aus wie ein Waldschrat – das weiße Kleid hängt an mir, als wäre ich darin tagelang durchs Gestrüpp gestolpert, und meine Haare wirken, als hätte sich dabei das Geäst unablässig hineingebohrt, sich verfranst und verhakt, als sei es wie Kletten haften geblieben, als führe das Grün ein Eigenleben und hätte sich hineinfräsen wollen, verwurzeln gar, bevor es mir gelang, mich zu befreien vom Zugriff der Natur. So sehe ich aus. Beschissen.

Apropos Garten: habe wieder den jungen Gärtner gesehen. Joseph. Er ist wirklich hübsch. Rank, schlank, halblanges, braunes Haar. Mit einem immer noch jungenhaften Gesicht, in das allenfalls die viele Sonne ihre Spuren gebrannt hat. Er hat mir aus der Ferne zugewunken, später lag eine Rose auf meinem Stuhl. Es macht mich froh, ihn zu treffen. Es bringt ein wenig Freude in meinen Alltag.

Noch mal zu den Fotos: Außer den Hochzeitsbildern wurden weitere aus der Serie »Dunkelblaue Hose, hellblaue Bluse« veröffentlicht. Dieses Mal welche, auf denen auch mein kleiner Pygmäe zu sehen ist. Er sitzt an seinem Palastschreibtisch, ich auf seinem Schoß. Ich habe keine Ahnung, warum mich die Fotografen immer älteren Männern auf den Schoß setzen. Immerhin aber musste ich nicht so ein Hängerchen tragen wie bei dem Foto mit meinem Vater, das Helmut Newton gemacht hat. Einer dieser französischen Knödelpups-Berater hatte wieder Einwände, dass wir als Präsidentenpaar vielleicht zu salopp daherkämen. Ich finde, es zeigt, wie modern die Monarchie heutzutage ist. Außerdem kann das Bild mir nur nützen, weil es doch zeigt, dass ich auch als 40-Jährige noch Toy-Qualitäten habe, immer noch jung genug bin, um Altherren-Fummelfantasien zu bedienen. Ich muss auch an morgen denken.

Nachmittag

Ich war vorhin in meinem Studio. Überall dicker Staub auf den Instrumenten! Wenn die Platte tatsächlich im Juli kommt, müssen wir uns jetzt ranhalten. Ich habe sofort Anweisung zur Reinigung gegeben. Ich bin noch sehr unsicher, ob ich die Platte wirklich *Le Refuge* nennen soll. Zumal sie ja hier im Palast entsteht. *Die Zuflucht* – das klingt doch wirklich sehr danach, als wäre ich eine entflohene Königstochter, die hier zwar Obdach gefunden hat, deren Status aber doch kaum über den einer Duldung hinausgeht. Kärcher-Alarm!

Montag, 12. Mai

Endlich, endlich wieder ein Termin nach meinem Geschmack: Nächste Woche verabschieden wir die französische Nationalmannschaft ins Gefecht. Zum Fußballspielen in die Alpen. Lauter Jungs im besten Alter! Ich übe schon: »Allez les Bleus!« Und ich war bei Jean-Paul, dem alten Balljungen, und habe mir ein ziemlich heißes und verrücktes Ensemble in Rot-Weiß-Blau machen lassen. Dazu werde ich eine neckische goldene Kappe tragen. Ich gehe als »Golden Goal« sozusagen.

Dienstag, 13. Mai

Ich bin so froh, dass ich Prozac nehme. Es ist kein Vergleich zu den letzten Wochen. Und auch all das Drama in der Welt – Birma, China, Eric in der Anstalt –, ich hielte es gar nicht aus, neben der Macht zu sitzen und untätig zu bleiben im Angesicht des Elends. So aber freue ich mich auf die zwei Tage in Cannes bei den Filmfestspielen und habe gleich Anprobe.

16 Uhr

Madame Rottmier ist doch ein Schatz – sie hat wirklich tolle Sachen schicken lassen. Ich sehe wieder so gut aus! Einfach phänomenal!

Abends

Mein Gärtner wird immer charmanter. Jetzt legt er jeden Abend einen Strauß auf den steinernen Tisch, der in der Laube steht. Und jeden Abend hole ich ihn ab (den Strauß).

Apropos junge Kerle: Unser Treffen mit der National-Elf wurde verschoben, um es »zeitnäher« an die EM-Eröffnung zu legen. Man verspricht sich bei den Beratern mehr Medieninteresse. Auch ist im Gespräch, dass ich das Maskottchen werden könnte. Das wäre natürlich super. Nicht nur, dass ich dann ständig in den Genuss des Odeurs der Umkleidekabinen nach dem Duschen käme – das ich ja so liebe! –, ich wäre auch ständig im Mittelpunkt. Ich hoffe, es klappt!

Donnerstag, 15. Mai

Die Stimmung ist schlecht. Nici ist total sauer. Ich gebe ja zu, dass ich einen Fehler gemacht habe. Aber den konnte ich auch nur machen, weil er so eine idiotische Politik veranstaltet. Giselle aus dem Nachbarpalais kam heute Morgen und fragte, ob ich ihre Kinder für ein paar Stunden nehmen könnte. Sie hätte bis Mittag zu tun und hole sie dann wieder ab. Ehrlich gesagt, ich habe mich gefreut, dass sie gefragt hat. Ich habe hier immer noch keinen Anschluss gefunden und unter den Frauen schon gar nicht. Ich dachte, es wäre nett, so ein wenig nachbarschaftlicher Kontakt, man könnte ja vielleicht auch mal zusammen grillen, oder ich käme mal mit, wenn sie hier alle morgens Walken gehen …

Ich konnte ja nicht ahnen, dass sie ihre Gören loswerden muss, weil sämtliche Lehrer und Erzieher Frankreichs heute streiken, um gegen Nicis Bildungspolitik zu demonstrieren! Als er mitbekommen hat, dass hier zwei Kinder spielen, ist er total ausgeflippt. Er hat das komplette Rumpelstilzchen-Programm abgezogen, weil alle gegen ihn seien, an seinem Stühlchen sägten und selbst seine Frau ihm das Messer in den Rücken ramme. So ist es natürlich nicht. Und natürlich hätte ich die Kinder nicht genommen, wenn ich den Hintergrund gekannt hätte. Klar ist aber auch, dass ich die Kinder genommen hätte, wenn der Präsident nicht mein Mann wäre. An der Bildung zu sparen ist ja wirklich das Letzte! Das habe ich ihm selbstverständlich auf sein Baguette geschmiert. Seitdem redet er nicht mehr mit mir. Gut so. Ich will eh telefonieren.

23 Uhr

Die Nachrichten melden, das deutsche Walross Angela Merkel habe in Südamerika den Titel »Sonne Perus« verliehen bekommen. Das ist eine Presse, die wir bräuchten. Ich sag ja immer, Nici hat die völlig falschen Berater.

Freitag, 16. Mai

Aus mir als Maskottchen wird nichts. Weil die Behörden es nicht hinbekommen, mir bis zum Beginn der EM die doppelte Staatsbürgerschaft auszustellen, bleibe ich offiziell Italienerin. Verdammt, ich hatte mich schon so gefreut. Aus Frust habe ich im Katalog von *Idée-pro* geblättert und dort »das Schuhpuder argentinischer Tangotänzer« entdeckt. Ich habe Nici gleich einen ganzen Karton bestellt. Er weigert sich hartnäckig, Füßlinge in seinen Kroko-Loafers zu tragen, und ich kann dieses »Pfiddttt-pfiddttt«-Geräusch nicht ausstehen, das er beim Gehen macht. Ich hoffe, Argentinien hilft.

Sonntag, 18. Mai

Cannes war der totale Flop. Ich hatte nur VIP-Auftritte, also solche, die ohne Presse stattfinden. Welcher Idiot hat das eingefädelt?

Mittwoch, 21. Mai

Liebes Tagebuch, das Album soll nun doch kommen. Im Juli. Nach langem Hin und Her mit Nicis Strategen wurde beschlossen, dass es den »modernen Zeiten entspricht, dass die Ehefrau des Präsidenten der Republik Frankreich eine Langspielplatte veröffentlicht, da sie bereits zuvor als Künstlerin aktiv war«, wie es schriftlich in einem offiziellen Kommuniqué des Palastes festgehalten wurde. Allerdings darf ich nicht auf Tour gehen, und die Einnahmen sollen gespendet werden. Ich bin so froh, dass ich eh schon in Geld schwimme und mir wegen der paar Kröten keinen Kopf machen muss.

Natürlich wollen die Schwachköpfe die Texte vorher sehen und auf »moralische Angemessenheit« prüfen. Außerdem kamen sie mit der Idee um die Ecke, ich solle ein, zwei Kirchenlieder intonieren. Ich habe sie darauf hingewiesen, dass ich meinen Vertrag nicht bei den Taliban unterschrieben habe, und den Klugscheißern verdeutlicht, dass es der Glanz meines Albums und meiner medialen Präsenz sein wird, mit dem sie ihren unpopulären Präsidenten aus dem Imageschlamm hieven werden. Das Album wird nun nicht mehr *Le refuge* heißen, sondern *Comme si de rien n'était – Als ob nichts gewesen wäre*, da lass ich mir auch nicht mehr reinreden.

Donnerstag, 22. Mai

Ich habe ein ganz schlechtes Gewissen. Erstens: Ich habe Erics Geburtstag vergessen. Er war im März. Zweitens: Zweimal habe ich diese Woche Josephs Blumen nicht abgeholt. Trotzdem lagen am nächsten Tag frische da. Ich kann nichts dafür; wenn es mir gut geht, ich genug zu tun habe oder vernünftigen Sex, vergesse ich meinen kleinen Gärtnerburschen. Er mich aber nicht. Ich habe ihn gesehen, als ich in der Abenddämmerung am Fenster stand und meine Gitarre anschlug. Er stand im Rhododendron und beobachtete mich. Süß.

Freitag, 23. Mai

Gestern Abend waren wir wieder auf einem dieser langweiligen Diplomaten-Empfänge. Nur alte Säcke. Ich habe keine Ahnung, warum die Länder dieser Erde statt ihres feschen Nachwuchses immer ihre Altkleidersammlungen nach Paris schicken. Gebrechlich im Geiste und im Fleisch. Ich bin so froh, dass ich nicht nur gut aussehe, sondern auch so viel Bildung und Charme mitbekommen habe. So wird mir an diesen Abenden wenigstens nicht langweilig, weil ich zu jedem Thema etwas sagen kann und alle ganz hingerissen von mir sind und sich mit Lob überschlagen. Das sind die gar nicht gewohnt, Frauen um sich zu haben, die hübsch und unterhaltsam sind.

Nici ist superstolz auf mich, er sagt, ich mache das ganz fantastisch, ständig wird er zu seiner Wahl beglückwünscht. So ist es gar nicht erstaunlich, dass es so schnell ging, bis sich herumgesprochen hat, dass ich eine Bereicherung für die Society bin. Ich bin schon eine Art Wahrzeichen. Der Eiffelturm der Hautevolee – ich stehe im Mittelpunkt und alle wollen mal rauf.

Sonntag, 25. Mai

Ich glaube, ich weiß jetzt, warum es heißt: »In guten wie in schlechten Zeiten«. Nici ist schon sehr angespannt im Moment, und ich merke, wie sehr er mich an seiner Seite braucht. Als jemanden, der ausgleicht und Anstrengungen fernhält. Es sind Kleinigkeiten, die ihn total aus der Fassung bringen, wie die Sache gestern: Seitdem Schluss ist mit Bling-Bling, gibt es samstags Resteessen. Nici hatte die Idee, er meint, es sei das richtige Zeichen für das Volk. Ich finde es Quatsch, denn das Volk bekommt ja nichts davon mit, dass wir hier Secondhand-Hummer essen. Aber Nici meint, das sei eine gute Idee, schließlich müsste ich irgendwann ein Kochbuch »Rezepte aus dem Palast« herausbringen, und dann wäre dies wenigstens originell.

Auf jeden Fall war diese Woche auch Mais beim Saturday-left-over (so nenn ich unsere interne Armenspeisung). Und da ist mein kleiner Schatz völlig aus der Spur geraten. »Das ist eine Verschwörung!«, brüllte er. »Sabotage!« Nicht mal in seinem eigenen Haus sei er vor den Verrätern, den Königsmördern sicher. Er ließ sofort den Chefkoch kommen, der mit den Vorwürfen überhaupt nichts anfangen konnte, weil er sich nicht für Politik interessiert und gar nicht mitbekommen hatte, dass Nici in der Abstimmung über Genmais nicht mal die Zustimmung seiner Parteigenossen hatte. Und um den kleinen Dampfkessel vollends zur Explosion zu bringen, sagt der arme Mann, das sei der Mais, der von den Kindern übrig sei, die am Donnerstag hier waren. Das waren die, die ich gehütet hatte, weil ich nicht wusste, dass die Mutter sie loswerden musste, weil die Erzieher landesweit gegen Nicis Sozialpolitik streikten. Um es kurz zu machen: Es endete in einem völligen Geschrei und mit Mais an der Louis-XIV-Tapete.

Zum Glück konnte ich Nici dazu bewegen, ein wenig zu chillen. Er hat sich auf die Le-Corbusier-Liege gelegt, ich habe eine Aromakerze (tahitianische Vanille) angezündet und ihm kleine Balladen gesungen. Es ist schön zu sehen, dass ich ihn damit wieder einfangen kann.

Dienstag, 27. Mai

Seitdem ich nicht mehr so nichtsnutzig im Garten rumsitze, sehe ich Joseph kaum noch. Höchstens aus der Ferne. Heute aber trafen wir uns zufällig, und ich bedankte mich für die schönen Blumen, die er mir jeden Abend in die Laube legt. »Ach die!«, sagte er. »Die sind doch nur ein blasser Schein im Vergleich mit Ihrer Schönheit, Madame.« Ich sagte ihm, er solle mich nicht Madame nennen, ich hieße Carla, und – schwuppdiwupp! – waren wir über Namen und Schall und Rauch tatsächlich bei Henri Bergson und der beweglichen Dauer gelandet.

Und stell Dir vor, liebes Tagebuch, Joseph hat auch Philosophie studiert! Er ist auch kein richtiger Gärtner, er reist durch die Welt und ist furchtbar belesen! Ich kann mich gar nicht erinnern, wann ich zuletzt ein so anregendes, erfüllendes Gespräch geführt habe. Die Dinge, die er sagt, die sind so ... klug. Sie sind so tiefsinnig und fein. Wie meine Gedanken. Die hier nur leider niemanden interessieren. Außer Joseph. Und er ist wirklich hübsch. Sehr hübsch. Er hat ein richtiges Philosophengesicht: scharfe, elegante Züge, eine kantige Stirn und eine Nase mit edlem Schwung. Wenn nicht sein langes Haar das Gesicht umspielen würde, würde er ein wenig zu streng aussehen. So aber ist er von unglaublichem Charme. Ein wenig erinnert er mich an Raphaël, den einzigen Mann, den ich tatsächlich einen Moment länger ausgehalten habe. Immerhin zwei Jahre. Und immerhin mit Baby. Am Donnerstag wollen Joseph und ich uns wieder treffen.

Habe schon wieder so eine Waldorfkindergarten-Krikelkrakel-Karte bekommen. Dieses Mal nicht von Eric, sondern vom Leiter der Klinik. Der malt auch. Lädt mich zu seiner Ausstellung ein. Er würde sich freuen, »wenn wir unseren anregenden Austausch fortführen könnten«, schreibt er. Kann mir schon vorstellen, was für einen Austausch er sich ausmalt (mit seinem Waldorf-Pinsel, hihihi). Bestimmt wird Eric auch da sein. Das ist ein guter Grund, nicht hinzugehen. Schließlich kann sich keiner von uns einen Skandal leisten.

Mittwoch, 28. Mai

Jetzt drehen alle durch. Mein Auftritt im Großmarkt (ich habe Nici begleitet, als er um fünf Uhr morgens (!!!) in die Markthallen ging, um des Volkes Hände zu schütteln – *Menschen, die früh aufstehen* heißt die Kampagne) war so ein Erfolg in den Medien, dass Nici Anweisung gegeben hat, neue Folgen zu entwickeln. Mich fragt natürlich keiner. Dabei tut es meinem Teint alles andere als gut, vor 9:30 Uhr das Köpfchen zu heben.

Aber nächste Woche geht's schon weiter. Als Nächstes kommt *Menschen, die spät ins Bett gehen*, wobei noch nicht klar ist, ob das ein Besuch im Bordell oder im Atomkraftwerk werden soll. Nici ist mehr fürs Atomkraftwerk, weil er die Leute da besser kennt, ich denke aber, »gefallene Frauen« ziehen einfach gut. Medial gesehen. Bei *Menschen, die nie ruhen* sollen wir Ärzte treffen, die 72-Stunden-Schichten fahren. Absolut verweigert habe ich mich bei *Menschen, die morgens Hunger haben,* dem Besuch der Croissant-Ausgabe an Obdachlose. Das wird noch schlimmer stinken als in der Großmarkthalle mit all dem Fisch und den ausgenommenen Schafen, wo ich die ganze Zeit aufstoßen musste. Wenn wir da um 7:00 Uhr anrücken, hatten die ja noch nicht mal Zeit zum Zähneputzen!

Donnerstag, 29. Mai

Joseph ist nicht gekommen. Komisch. Ich frage mich, was einem wie ihm dazwischengekommen sein sollte. Der tut doch nichts, außer Büsche zu beschneiden und das Unkraut zu rupfen.

Nacht zu Freitag, 30. Mai

Ich glaube, ich habe einen Hit geschrieben. Einen richtigen Hit. Etwas, das nicht mehr aus dem Kopf geht. Es ist jetzt vier Uhr früh, und ich habe dieses aufwiegelnde Gefühl, das man hat, wenn etwas wirklich Großes geschieht. Dabei war es auf einmal da, ich brauchte nichts dafür zu tun. Ich konnte wieder mal nicht mehr schlafen, lag neben Nicolas und betrachtete ihn. Sein markantes Gesicht, die große Nase, wie friedlich er daliegt, wenn die Anspannung gewichen ist, sein Augenlid nicht mehr zuckt … Und auf einmal hatte ich es im Kopf: »Ich bin wie du (hier kommt ein: Aha) / Wir sind wie Sand und Meer (wieder: Aha) / Und darum brauch ich dich so sehr // Ich bin wie du (Aha) / Wir sind wie Tag und Nacht (Aha) / Und füreinander immer nur da // Für immer nur da! // Und du weißt / Dennoch lass ich dir die Freiheit / Weil man sich dann leichter treu bleibt / Ich genauso wie du.«

Ich weiß, es ist ganz anders als alles, was ich bisher geschrieben habe. Es kommen auch keine Philosophen drin vor oder Fremdwörter, aber es macht mich glücklich. Es wäre so schön, wir könnten es noch in das Album einbauen, denn zum ersten Mal seit langer Zeit macht mich etwas glücklich, das von mir kommt. Jedenfalls habe ich das Gefühl, dass es von mir kommt. Ich hoffe, es kommt nicht schon von jemand anderem.

Samstag, 31. Mai

Ich bin so gut drauf, manchmal frage ich mich jedoch, ob ich das Prozac vielleicht überdosiere.

Juni

Ich + ich in Israel
(bevor die Schüsse fielen)

Montag, 2. Juni

Liebes Tagebuch, Saint Laurent ist tot. Wieder einer von uns. Ich bin so froh, dass ich noch 30 oder 40 Jahre habe. Es sei denn, ich werde zuvor gegen eine Tunnelmauer gejagt. Aber das ist sehr unwahrscheinlich. Ich meide Tunnel. Wann immer es geht, fahre ich außen rum. Auch Unterführungen habe ich nicht gern. Es macht mir ein beklemmendes Gefühl, so in der Dunkelheit zu versinken, verschluckt zu werden. Und immer diese Pfeiler! Die arme Diana. Ausgerechnet in Paris, der Stadt der Liebe! Zum Glück haben wir gar nicht so viele davon, 41 Tunnel und 527 Unterführungen. Ich habe mich erkundigt. Da kann man gut außen rum fahren oder die Augen zumachen. Jedenfalls bei den Unterführungen. Und im Tunnel, wenn man mit Fahrer unterwegs ist.

Auf jeden Fall gibt es gerade einen Riesenwirbel wegen Saint Laurent. Ganz Paris steht Kopf. Alle wollen Aufnahmen von mir auf dem Laufsteg. Am Donnerstag ist die Beerdigung. Eigentlich wollte ich Aurélien früher aus dem Internat abholen und mit ihm zu Maman aufs Land fahren. Aber das ist ja viel, viel besser! Jetzt ist wenigstens etwas los!

Dienstag, 3. Juni

Nici hat das Prozac entdeckt. So'n Mist. Dieser Spaßverweigerer, dieser Wassertrinker fing doch wirklich an mit dem »Drogen sind keine Lösung«-Geblubbere. Als ob P eine Droge wäre! Ich musste ihm versprechen, damit aufzuhören, und habe seit gestern nichts genommen (weil ich auch nichts mehr habe. Der Idiot hat doch wirklich meinen ganzen Vorrat eingesackt). Ich kann nicht sagen, dass dies meiner Laune förderlich wäre. Außerdem habe ich keine Ahnung, was ich zu dieser blöden Beerdigung anziehen soll! Etwas von YSL wäre natürlich ganz passend, nur hab ich das alles aussortiert. Dieses ganze Satinzeug war doch ziemlich Old School, und ehrlich gesagt, ich fand Saint Laurent immer überbewertet. Dieses Gelabere von der Befreiung der Frau. So ein Quatsch. Sieht man doch an mir, wohin das führt. Nix frei. Goldener Vogel im goldenen Käfig. Da nützt mir auch ein Damen-Smoking nichts. Für den kann ich mir auch keine Freiheit kaufen, keine Lust, kein Leben. Keine Lebendigkeit ... Ich habe trotzdem Madame Rottmier gebeten, mir was zu besorgen – aber schon am Nachmittag war alles ausverkauft. Diese Pariserinnen sind echt die Pest. Ich will überhaupt nicht mehr Französin werden! Ich will Italienerin bleiben und trage was von Armani. So!

23 Uhr

Ich habe es nicht mehr ausgehalten und Maman angerufen. Sie bringt P für mich mit, wenn sie morgen Abend endlich kommt.

Mittwoch, 4. Juni

Ein Lichtblick! Habe Joseph getroffen. Er kam mit der Schubkarre vorbei, als ich auf der Terrasse saß. Ich weiß nicht, ob das klug war, aber ich habe ihm gesagt, dass ich enttäuscht gewesen sei, dass er letzte Woche nicht zu unserer Verabredung gekommen ist. Er sagt, er sei aufgehalten worden. Gerade, als er loswollte, sei ein Anruf gekommen, er solle Pflanzen abholen. Anderthalb Autostunden von Paris entfernt. Ihm sei das komisch vorgekommen, aber er sei gefahren, schließlich wolle er seinen Job behalten. Als er am Ziel ankam, habe er im Nichts gestanden. Keine Blumen, keine Bestellung, nichts. Ehrlich gesagt, das klingt komisch, aber ich glaube ihm. Ein Blick in seine Augen zeigt mir, dass ich ihm glauben kann.

Donnerstag, 5. Juni

Wir gehen gleich zur Beerdigung. Nici hat sich »aus Solidarität mit dem Verstorbenen«, wie er sagt, total mit Opium zugeschüttet, diesem entsetzlich schwülstigen Bordell-Parfum. Er dachte, das sei ein Herrenduft … Manchmal frage ich mich, ob ich die einzig Normale in diesem Palast bin.

Abends

Die Beisetzung war, wie Beisetzungen in Modekreisen so sind – schrecklich. Ein Aufmarsch der Oberzicken. All die Mädels von früher. Und die sind so stehen geblieben! Die Schiffer ist so einfältig wie eh und je (»Oh Carla! Du musst uns mal in England besuchen kommen! Oder wenn ich in Rheinberg bei meinen Eltern bin.«), Tyra trug immer noch türkisfarbene Linsen und Christie Turlington war wieder voll wie 'ne Haubitze. Die dumme Kuh guckt auf meine Schuhe und sagt: »Ach, hast du jetzt einen Vertrag mit Geox?!« Ich musste mich echt beherrschen, ihr nicht eine zu knallen.

Zum Glück war Nici an meiner Seite und hat mich weggezogen, bevor ich noch etwas sagen konnte. Zu Hause im Palast habe ich mir sofort die Fernsehaufnahmen bringen lassen, und ich muss sagen, sie hat absolut recht. Es ist erstaunlich, wie unattraktiv ich in meinem Herrenanzug mit den Geox-Schuhen aussehe.

Sonntag, 8. Juni

Nici überrascht mich immer wieder. Um mir eine Freude zu machen, hat er für gestern Abend meinen Lieblings-Tajine-Koch aus Marokko einfliegen lassen, Yusuf. Das war eine Überraschung! Und so lecker! Als Dankeschön habe ich Nici einen Bauchtanz getanzt. Dummerweise hatte ich etwas zu stark an der Wasserpfeife gezogen, sodass mir recht schummrig war und ich mich eher blöd bewegt habe. Jedenfalls hatte Nici anschließend gar keine Lust auf ein wenig mehr, was mich etwas wundert und eigentlich keinen anderen Grund haben kann.

Dienstag, 10. Juni

Ich mag Sex am Morgen. Wenn einen schlaftrunken die wohligweiche Bettwärme umhüllt und die Unschuldigkeit des Daseins von Berührung zu Berührung in die Triebhaftigkeit überführt wird. Wenn sich aus dem Dämmerzustand das wilde Tier herausschält ... Leider ist das mit Nici nicht zu machen. Mein Mann hat – das habe ich auch der Presse gesagt, nur hat die es natürlich wieder falsch verstanden – fünf Gehirne, und von denen sind mindestens drei immer schon wach, wenn ich nur die Augen aufschlage. Eins will Tennis spielen, eins telefonieren, eins hat Hunger. Nimmt man die zwei verbleibenden zu meinem dazu, stünde es eigentlich drei zu drei, und ich hätte mit meinem Bedürfnis eine reelle Chance. Aber wenn dann auch noch sein viertes angeht, ist es garantiert von »Ich muss mir dringend einen neuen Anzug bestellen«-Gedanken besetzt.

Ich glaube, ehrlich gesagt, Nici hat ADHS. Nie kann er still sitzen, innehalten. Immer rattert alles gleichzeitig in ihm. Deshalb ist er auch so ungemein produktiv und hat so ein enormes Tagespensum. Man sagt ja vielen Politikern nach, dass sie faul seien. Vor allem Bürgermeister müssen ein recht schlaffes Pack sein. Nici, glaube ich, ist Politiker geworden, um für seine Fehlfunktion einen Umgang zu finden. Das liebe ich so an ihm. Diese Selbstlosigkeit, die aus der ganz persönlichen Situation entsteht: die Belange einer Nation zu regeln, als Versuch, das eigene Dilemma in den Griff zu kriegen.

Mittwoch, 11. Juni

Joseph. Diese Lippen, diese Haare, dieser Blick ... wenn er mit seinem braun gebrannten, sehnigen Körper in der Mittagssonne die alten Beete umhebt ... wenn er in der Orangerie die Kübelpflanzen wässert und jedes Mal, wenn er die Kanne hebt, die Schultermuskulatur hervortritt ... Ach!

Ich weiß wirklich nicht, wer diese dämliche Monogamie erfunden hat. Doch, ich weiß es natürlich. Die Christen waren es. Die haben sich das ausgedacht, als man mit 14 geheiratet hat und mit 34 tot war. Und ich?!? Ich bin alles andere als tot! Und trotzdem muss ich ein mumifiziertes Leben leben. Es ist, als liege man lebendig im Sarg. Man ist zum Totsein bestimmt, während draußen das Leben tobt. Vielleicht sollte ich demnächst ein Buch darüber schreiben.

Donnerstag, 12. Juni

Um Nici eine Freude zu machen (und in der Hoffnung, dass er dann wieder Lust hat), wollte ich heute das lustige Kleid anziehen, das er mir von seiner Bayernreise mitgebracht hat. Ein Dirndl. Die Merkel hat es mit ihm ausgesucht. Ich kann die Boshaftigkeit dieser Kuh förmlich spüren. Ich habe drei paar Socken auf jeder Seite reinstopfen müssen, um es auch nur annähernd zu füllen. Danach war dann auch mir die Lust vergangen. Kann mir kaum vorstellen, dass die in Bayern eine hohe Geburtenrate haben.

Samstag, 14. Juni

Treffer! Liebes Tagebuch, ich bin so froh, auf meinen Freund und Berater Jean-Philippe gehört zu haben, sodass wir den Text von *Tu es ma came* an die Presse herausgegeben haben und nicht das Lied vom kleinen grünen Grashüpfer, das ich so mag. Die Reaktion ist super. Alle regen sich mächtig auf, vor allem die Kolumbianer sind aus dem Häuschen. Sie tun so, als ginge es darum, dass ich kolumbianisches Kokain besinge und die Droge verherrliche. Dahinter steckt aber wohl doch eher ihr Machismo. Schließlich singe ich: »Du bist mein Stoff … gefährlicher als kolumbianischer Schnee.« Das können die nicht ab: dass was anderes toller ist als ihr Exportschlager. Der Außenminister hat tatsächlich festgestellt, seit der Heirat würden in Frankreich Politik und Showbusiness vermischt. Na so was aber auch!

Viel mehr hat mich berührt, dass Maman sich gleich gemeldet hat, als die Schlafmützenträger von der Presse wegen der 30 Liebhaber über mich hergefallen sind (»Ich bin ein Kind / trotz meiner 40 Jahre / trotz meiner 30 Liebhaber«, habe ich in *Une enfant* getextet). »Kind,

30 – bist du dir sicher?!?« Als ich ihr dann sagte, das seien die, an die ich mich erinnere, war sie beruhigt. »Eine Frau von Klasse kann nicht genug Erfahrung haben! Aber die Schlechten kann man ruhig aus dem Gedächtnis streichen. Sieh mich an! Da gibt es welche, die würde ich gar nicht mehr erkennen, wenn ich sie an der Bushaltestelle träfe.«

Abgesehen davon, dass ich es äußerst erstaunlich fand, dass Maman überhaupt den Gedanken im Kopfe führt, jemals einen Bus zu benutzen, konnte ich sie aber umgehend beruhigen, indem ich ihr sagte, dass bei mir nur eine Großbushaltestelle in Frage käme. Da haben wir herzlich gelacht, und ich habe wieder einmal gemerkt, wie froh ich bin, dass ich sie habe. Auch wenn sie häufig eine Schreckschraube ist und sich so wenig für meinen Ehemann interessiert. Hoffentlich bleibt sie mir noch lang erhalten.

Dienstag, 17. Juni

Liebes Tagebuch, ich treffe Joseph nun fast jeden Tag. Irgendwie schafft er es immer aufzutauchen, wenn ich in den Garten gehe. Das allerdings tu ich auch ziemlich oft. Ich muss aufpassen, dass Nici nichts merkt. Er hat schon gefragt, ob ich Atemwegsprobleme hätte, weil ich zurzeit so viel frische Luft bräuchte. Ich habe Joseph mein Dilemma geschildert, dass ich heute Abend haben werde, wenn ich mit den Schranzen des Ministeriums Fußball gucken muss. »Palast Viewing« – eine von Nicis Ideen zur »Identifikationsbildung mit dem Arbeitgeber«, wie er es nennt (er muss dringend was tun, der Widerstand gegen seine Politik wird auch unter seinen Mitarbeitern immer größer).

Dummerweise spielt heute Frankreich gegen Italien. Nach außen muss ich Französin sein, aber mein Herz, das schlägt doch immer noch für die Italiener (vor allem für Luca Toni, diesen *Mann*!). Joseph hat meine Zerrissenheit sofort verstanden. Wir haben lange über den Identitätsbegriff nach George Herbert Mead gesprochen, aber gelöst hat das mein Problem nicht. Da hat er den Vorschlag gebracht, ich solle offiziell für Frankreich sein, er aber werde in seiner Gärtner-Kemenate das Spiel sehen und ganz allein für mich Italien-Fähnchen schwenken. Das finde ich sehr süß von ihm und eine tolle Idee. Ich werde ihm ein paar Crostini bringen lassen.

Mittwoch, 18. Juni

Das Palast Viewing war doch ganz lustig. Obschon Frankreich verloren hat. Oder weil. Ich wusste gar nicht, dass der Sekretär des Außenministers so ein Schnuckelchen ist. Baptiste heißt er. Wir saßen neben der Champagnerbar und hatten einen Riesenspaß. Leider war Nici etwas säuerlich, weil er meinte, meine Flirterei sei peinlich. Ständig würde ich mich an irgendeinen seiner Untergebenen ranmachen. Daraufhin habe ich ihn gefragt, ob ihm eigentlich schon aufgefallen sei, dass die Abstimmungen in letzter Zeit deutlich besser ausfielen für ihn. Da hat er mich angestarrt, ich habe meinen Katzen-Killerblick aufgelegt, und er hat kapiert. »Du Mata Hari!«, hat er ausgerufen, und ich musste nur noch nach hinten sinken.

Ich merke immer, dass es ihn wahnsinnig anmacht, wenn er Achtung vor mir haben kann. Er hat mich mit den ehrwürdigsten Bezeichnungen bedacht, die alle meiner Durchtriebenheit huldigten. Das war toll. Ich habe die ganze Zeit kein Wort von mir gegeben und ihm nur in die Augen gestarrt. Es war, wie Sex mit einem Tiger zu haben. Ich bekomme noch immer eine Gänsehaut, wenn ich daran denke!

Wir wissen immer noch nicht, was wir in den Sommerferien machen wollen. Nici ist dafür, es mit seinen Mächtig-mächtig-Freunden »richtig krachen zu lassen«, Helikopter, Megayacht, Jetski – das ganze Programm. Ich aber wäre viel lieber mit den Kindern auf dem Land. Dann aber hätten wir natürlich Jean an der Backe, die alte Pestbeule …

Donnerstag, 19. Juni

Muss eigentlich jeder Depp, der sich mal über uns geärgert hat, ein Buch schreiben? Nur weil Alain Genestar (Ein widerlicher Zeitgenosse, stopft sich bei Empfängen den Mund voll, schiebt das ganze Zeug in eine seiner weichen Hamsterbacken und redet weiter. Grausig!) auf Nicis Geheiß hin von seinem Chefposten bei *Paris Match* entlassen wurde, versucht er nun, Nici in die Pfanne zu hauen. Was soll das werden? Der Aufstand der Geschassten? Wer kommt als Nächstes? Die Putzfrau, weil Nici seine Unterhosen im Bad liegen lässt? Der Gemüsemann, weil ich über seine Oliven gemeckert habe?

Freitag, 20. Juni

Meine Tunnelphobie macht mir immer mehr zu schaffen. Professor Paré sagt, sie sei Ausdruck meiner Überforderung mit der neuen Rolle. Aus der übersteigerten Erwartungshaltung heraus, alles sein zu müssen – Première Dame, Ehefrau, Musikerin, Hure, Mutter, heißes Ding, Carla Bruni und Stil-Ikone –, projiziere ich meinen Selbsthass auf das Volk, dem ich unterstelle, es wolle mich an der Tunnelwand kleben sehen. Na, ich weiß nicht. Kann es nicht einfach sein, dass ich schlichtweg Verlassensängste habe, aus mangelndem Selbstvertrauen heraus infolge immerwährender Kränkungen durch meine überbordende Mutter, die mir im Konkurrenzkampf zu meinem Vater meine ständige Unterlegenheit als Frau durch ihre offen ausgelebte Sexualität demonstrierte? Ich finde, das hört sich sehr viel plausibler an.

Sonntag, 22. Juni

Wunderbaren Samstag gehabt. Mit Nici auf der »Fête de la Musique« gewesen und ein Bad in der Menge genommen. Es ist toll, all die bewundernden Blicke zu spüren, von der Welle der Sympathie getragen zu werden. Es war fast wie Stage Diving, das ich ja nun als Première Dame nicht mehr machen kann. Egal wie sehr mein

Publikum danach giert. Aber ich werde dieses Mal ja eh keine Konzerte geben. Ach, und die Entscheidung wegen des Stickers habe ich auch getroffen. Ich finde es nun doch nicht mehr eine so tolle Idee, die CD mit einem Aufkleber »Sie können Carla Bruni lieben, ohne ihren Mann zu lieben« zu versehen. Ich werde das absagen.

Dienstag, 24. Juni

Wir sind aus Israel zurück. Was für eine Aufregung! Die ganzen Vorbereitungen, die Geschichtsstunden hätte ich mir sparen können. Es ergab sich überhaupt nicht, dass irgendjemand wissen wollte, was ich über die Situation Israels denke. Dabei hatte ich mir so einen schönen Lösungsvorschlag überlegt. Oder zumindest hatte ich ein tolles Konzept für einen israelisch-palästinensischen Kulturabend. Wenn die Fronten so verhärtet sind, muss man kleine Schritte gehen. Na, egal. Hat ja eh keinen interessiert.

Schlimm, dass sich der Soldat ausgerechnet umbringen musste, als wir auf dem Rollfeld waren. Ob das Absicht war? Eine Nachricht? Na, zumindest ein Aufschrei. Aber was wollte er uns sagen? Nici sagt, ich dürfe mir nicht immer um alles so viele Gedanken machen. Ein Soldat mehr oder weniger, so what? Dafür hat man ja die Wehrpflicht. Dass immer einer nachkommt. Oh, oh! Ich habe ganz vorsichtig versucht, dem kleinen Präsidenten zu sagen, dass Frankreich seit 2003 keine Wehrpflicht mehr hat, aber er meinte, das sei egal. Hauptsache, es kämen immer Dumme nach.

Unabhängig von seiner Auslegung haben mich die Vorkommnisse doch sehr erschüttert. Zumal man nicht genau wusste, ob der Schuss uns galt. Das war schon ein wahnsinniges Gefühl – der Knall – die Sicherheitsleute – das »hopp! hopp! hopp!«, damit ich schnell die Treppe hochlaufe. Das Hauptsache-sicher-ins-Flugzeug-Kommen, ohne zu wissen, ob Nici nicht schon tot am Boden liegt. Dieses Jackie-Kennedy-Gefühl ... Ich schäme mich ein wenig, denn immerhin war das der Moment, als ein Mensch sein Leben auslöschte, aber der erste Gedanke war die Panik, das Trauerkostüm nicht eingepackt zu haben, das Präsidentinnen-Gattinnen immer mitführen sollen. Leben, Tod – und ich denke an Kleider. Pervers!

Mittwoch, 25. Juni

Nicis Berater sind alle solche Idioten! Was ja nichts Neues ist. Geben zu Beginn der EU-Ratspräsidentschaft Präsente an die Abgeordneten und packen Krawatten hinein! Die Politikerinnen, die das als Skandal offengelegt haben, haben mein vollstes Verständnis. Da nützt es auch nichts, dass Philippe Starck die Dinger entworfen hat. Jetzt wollen sie doch tatsächlich als Wiedergutmachung den Frauen einen Wasserkocher zukommen lassen. Ich habe Nici dringend geraten, sich von diesen Schwachmaten zu trennen, denn er ist es ja, der die Macho-Vorwürfe ausbaden muss. Kleinlaut hat er zugegeben, dass der Wasserkocher seine Idee war, weil's die umsonst gibt. Starck hat wohl noch den ganzen Keller voll mit den Dingern. Den Achtzigerjahre-Schrott wird er selbst in Osteuropa nicht mehr los.

Abends

Jemand hat Josephs Gärtner-Kemenate durchwühlt. Er glaubt, dass das »Nicis Leute« sind. Aber das glaube ich nicht. Nici kennt niemanden, der so was machen würde. Die haben doch selbst alle genug. Ich glaube, das waren Junkies. Beschaffungskriminelle. Komisch ist das aber schon. Schließlich sind wir hier im Palast recht gut bewacht.

Donnerstag, 26. Juni

Ich möchte jetzt mal richtig, richtig aus der Haut fahren! So ganz und gar! Es ist wieder wie am Anfang, wie in den ersten Tagen unserer Ehe. Egal was ich mache, es fliegt mir um die Ohren. Jetzt haben wir extra diese kleine, mittlerweile fast gänzlich unbedeutende linke Zeitung für mein Interview ausgewählt. Nur um denen den Wind aus den Segeln zu nehmen, die Nici die Gleichschaltung der Medien unterstellen. Ein Blatt, das, wenn Sartre es nicht gegründet hätte, schon längst zum Abschuss freigegeben wäre …

Dann bin ich im Gespräch auch noch ehrlich. Ich selbst. Identisch. Authentisch. Sage, dass mir das hier auch nicht leicht fällt, diese Doppelrolle, dieses Leben mit der Macht. Sage, dass ich zwar meinen Mann, aber doch eigentlich links wähle. Und nun regen sich doch wieder alle auf! Sprechen von Verrat, nennen mich dumm und wollen ihr Abo kündigen. Warum sind die Leser von kleinen, linken Zeitungen eigentlich alle so engstirnig? Sowie was nicht auf Linie ist, wollen sie ihrer Zeitung den Hahn abdrehen. Mir tut das so leid für *Libération*. Das habe ich nicht gewollt. Ich habe einen der Mitarbeiter aus dem Innenministerium gebeten, 9.000 Strohleute einzuschalten, die wegen des Interviews das Blatt abonnieren. So tue ich doppelt Gutes. Für die Linke und meine Reputation.

Sonntag, 29. Juni

Schon wieder Schüsse! Wieder ein Soldat. Siebzehn Verletzte bei einer Militärvorführung. Zum Glück waren wir dieses Mal nicht in der Nähe. Sonst müsste ich langsam glauben, ich ziehe sie an, die Soldaten und ihre Schüsse. Es ist einfach nichts – diese ständige Präsentation der Macht. Immer Gewehre, immer Soldaten, immer Mütter, die ihre Kinder verlieren. Und nur, weil mit dem Militärspektakel Macht demonstriert werden soll. Ich wünschte, Nici würde das ändern. Würde auf diese Zurschaustellung seiner Potenz verzichten. Wir, in Frankreich, sollten den Anfang machen und die Waffen niederlegen. Demonstrativ. Ich könnte ein Lied schreiben und den Marsch anführen. Den Marsch der Niederleger sozusagen. Ach, Marsch – am Arsch! Das werden die niemals machen. Manchmal bin ich für einen kleinen Moment einfach zu naiv!

Montag, 30. Juni

Ich glaube, das Personal klatscht schon. Ich spüre ihre Blicke in meinem Rücken und ihre bösen Worte. Und dann die Anspielungen … So lag schon dreimal die *Gartenrevue* in meinem Zeitungsstapel. Die habe ich nicht bestellt. Heute dann gab es Gemüsesuppe. Simone, diese ohnehin schon oberschnippische Servierzicke, erdreistet sich doch, mir beim Auffüllen direkt in die Augen zu blicken, die Augenbraue zu heben und zu sagen: »Gärtnerinnenart«. Ich hätte ihr an die Gurgel gehen können. Zum Glück aber habe ich gerade diesen Yoga-Auffrischungskurs hinter mir. Also habe ich »Sat Nam« gedacht und auch noch »Friede sei mit dir, du Biest«, erhabenst gelächelt und ganz kühl erwidert: »Ach, ist Spargel drin?!«

Das fand ich, ehrlich gesagt, ziemlich gut. Da muss man erst mal drauf kommen! Sie ist dann ohne weitere Mätzchen abgezogen. Trotzdem, ich muss vorsichtiger sein und darf Joseph nicht mehr so öffentlich treffen. Einen Skandal kann ich mir im Moment nicht leisten. Nicht bevor meine neue Platte draußen ist.

Juli

Nici und Ingrid, ich ein wenig abseits

Mittwoch, 2. Juli

Nici tobt. Ich bin lieber rausgegangen. Er hat den Außenminister, den Verteidigungsminister und den kolumbianischen Botschafter kommen lassen. Irgendwo ist jemand befreit worden, ohne dass Frankreich dabei war. Nici ist völlig außer sich. Ich habe ihn selten so wütend erlebt. Auch sind wohl noch keine Kamerateams eingetroffen, um seine Glückwünsche für die Nachrichtensendung aufzuzeichnen.

Abends

Also, schon wieder eine Geisel frei. Das ist jetzt die dritte seit meinem Amtsantritt im Februar. Irgendwie ist »Geisel« mein Thema. Das gefangene Leben. Das Leben, das auf Befreiung wartet. Depression, ick hör dir trapsen ... Ich bin so froh, dass das Prozac jetzt richtig dosiert ist und ich meine Mitte wiedergefunden habe – deprifrei und Spaß dabei! Und auch, dass Madame Betancourt eine Frau der Kultur und des Geistes ist, macht es leichter.

Wir werden sie treffen, um Frankreichs Rolle bei der Befreiungsaktion hervorzuheben. Die es ja gar nicht hat. Deshalb ist es für Nici wichtig, sich mit ihr zu zeigen und vertraulich zu tun. Jedenfalls werde ich mit einer Frau ihres Formates ja wohl nicht die ganze Zeit über ihr langweiliges Dschungelcamp reden müssen. Wir können uns über Kunst und Musik unterhalten. Über Film und Theater. Obschon – wahrscheinlich hat die gar keine Ahnung, was hier die letzte Saison lief.

Vielleicht weiß sie gar nicht, dass *Indiana Jones* neu verfilmt wurde? Habe eben mit Nici gesprochen. Er sagt, sie wüsste nicht einmal, wer wir sind.

Etwas Schönes hat der Tag aber doch: Heute sind wir fünf Monate verheiratet. Fünf Monate, es kommt mir vor wie eine Ewigkeit. Und wir haben nicht einmal Zeit, das zu feiern. Der Staat verlangt von allen Seiten nach uns. Also, nach Nici ruft er natürlich mehr. Aber auch ich komme kaum dazu, ein passendes Präsent für meinen kleinen Herrscher auszusuchen. Aber ich habe mir zu helfen gewusst. Ich habe einfach eine Idee recycelt, die ich schon mal bei einem Amerikaner hatte, mit dem ich zwei sehr, sehr schöne Wochen auf Hawaii verlebt habe. Ich habe ein Unterhosen-Set gekauft und vorn drauf sticken lassen: Ich liebe Dich … am Montag, am Dienstag und so weiter – bis Sonntag. In verschiedenen Farben und seiner Lieblingsschrift »Petit Napoléon«. Total süß.

Donnerstag, 3. Juli

Die Japaner sind eingeschnappt, weil ich nicht mit zum G-8-Gipfel reise. Die Presse schreibt, andere Präsidenten hätten auch schöne Frauen. Als ob die Medwedjew meine Klasse hätte! Viel schlimmer ist, dass man uns behandelt wie Fußballerfrauen. Kein Anstand, keine Würde. Wir sind das schöne Beiwerk am Spielfeldrand, auf das das Scheinwerferlicht fällt, sobald die Akteure Halbzeit haben. Das mir, der Feministin! Auf der anderen Seite stimmt es ja – was die Beckhams noch vor gut einem Jahr waren, sind heute Nici und ich. Das Glamourpaar, das die Gesellschaftsseiten der Presse bestimmt.

Sogar die Rollenzuschreibung passt: Die Männer machen die Punkte, und wir Frauen sind für die Show zuständig. Klamotten und Musik. Nun gut, ich kenne das ja schon. Ob Donald, Micki, Eric, Raphaël, Serge, Jürgen, Vito-Luca, Vittorio, André I., Louis, Francois, Thomas, Henry P. oder Paul – ich war immer die Puppe an der Seite. Das Ding zum Vorzeigen. Nur bei André II., Pierre, Tarcan, Mario, Francesco, Sean und Marc war es anders. Die waren entweder so zugekifft oder so dermaßen depressiv, dass sie sowieso nicht vor die Tür wollten. Nun die Japaner – egal, die sind eh zu klein für mich.

Sonntag, 6. Juli

In fünf Tagen kommt meine Platte raus. Ich kann nicht leugnen, dass ich aufgeregt bin. Zum Glück haben Nicis Leute die PR-Strategie bis in den letzten Winkel festgezimmert und die Medien unter Kontrolle. Nici sagt, es wird keine schlechte Presse geben. Ich finde, es geht zu weit, wenn derart massiv eingegriffen wird. Aber Nici sagt, er könne sich keine schlechte Presse leisten. So einfach sei das.

Dienstag, 8. Juli

Wir haben im Moment überhaupt kein Privatleben. Nici ist nur noch Präsident, und ich weiß vor lauter Interview- und Fototerminen gar nicht mehr, wo mir der Kopf steht. Wir sehen uns eigentlich nur noch, wenn einer von uns im Fernsehen auftaucht. Im Gegensatz zu mir, die ich ja kaum mehr tue, als mich um mein Orchideenthema – die Musik, die Kunst – zu kümmern, ist Nici aber doch stark angespannt. Letzte Nacht hat er im Schlaf gesprochen. Es muss ihm wahnsinnig zusetzen, dass Obama sich an die Merkel ranschmeißt und nun die große Kennedy-Show abzieht. Anders kann ich es mir nicht erklären, minutenlang hat er gefaselt: »Isch bin ein Berlinär! Isch bin die Berlinär! Go back into your cabin! Ami go home!«

Mittwoch, 9. Juli

Oh, ich freu mich so! Ich bin so froh, auf Benni Biolay gehört zu haben. Es war seine Idee, die Platte vorab ins Netz zu stellen. »Das ist die Demokratisierung der Kultur«, hat er gesagt. »Die Menschen werden dich dafür lieben, dass du sie teilhaben lässt.« Wie recht er hatte! Die Medien sind einhellig begeistert. Alle legen es als Zeichen meines Großmuts aus, dass ich gebe. Schenke. Was für eine clevere, clevere Idee! Von Nicis Pappnasenberatern kam so was Tolles natürlich nicht. Mehr als eine Verlosungsaktion bei *Inter-Marché* und die CD als Dreingabe beim Kauf von zwei Kisten Taittinger ist denen nicht eingefallen.

Nici will, dass ich mit nach Peking zur Eröffnung der Olympischen Spiele fahre. Ich weiß nicht, wie er darauf kommt, ich würde so etwas unterstützen! Wir haben uns ziemlich in die Wolle bekommen, schließlich bin ich nicht nur eine Linke, ich bin auch Menschenrechtsaktivistin. Also, im Herzen. Er steht aber auf dem Standpunkt, es sei legitim, die wirtschaftlichen Interessen seines Landes in den Vordergrund zu stellen und im Übrigen sei es dort gar nicht so schlimm. Basta.

Wenn »Basta!« kommt, weiß ich, dass Reden nichts mehr hilft. Also habe ich zum Mittagessen – Nici speist mittwochs meist mit mir hier zu Hause – die sieben Chinesen aus der Wäscherei im Keller des Palastes holen lassen, ihnen Gaffa-Tape auf den Mund geklebt, ihre Hände auf dem Rücken zusammengebunden und jeweils ein Schild mit den aktuellen Zahlen politischer Gefangener und so Zeugs um den Hals gehängt. So habe ich sie aufmarschieren lassen, als mein lieber Mann gerade beim Garnelenschälen war. Zum Glück sind sie alle furchtbar blass, schlecht ernährt, verschwitzt und hatten diverse Verbrennungen an den Armen. Da hat er gesagt: »Na gut.« Ich bin vor Erleichterung wie ein kleiner Floh um ihn herumgehüpft.

Er hat dann auf den Nachtisch verzichtet, und wir hatten zehn Minuten hinter der Tapetentür. Mehr brauchen wir auch nicht. Dummerweise hatte niemand den Chinesen gesagt, dass sie wieder gehen können, und so haben sie die ganze Zeit zugehört.

Donnerstag, 10. Juli

Heute hat schon wieder das Internat von Aurélien angerufen. Mein Kleiner macht totale Zicken. Er hat schon wieder versucht, auszubrechen, um nach Hause zu fahren. Ich habe Maman angerufen. Ich kann mich momentan nicht um so was auch noch kümmern. Vielleicht kann sie ihn ein paar Wochen zu sich nehmen, es sind ja Ferien.

Freitag, 11. Juli

Eric hat mir geschrieben. Es ist das erste Mal seit wohl zwei Monaten, dass er sich meldet. Er hat mir zu dem Album gratuliert und gesagt, dass es gar nicht so schlecht sei. Er hat sich entschuldigt für die vielen Aussetzer, die er hatte, und seine Übergriffe. Er schreibt, dass es ihm recht gut ginge und er die Anstalt in wenigen Tagen verlassen würde. Er hat das Angebot aus Nordkorea angenommen und wird für ein paar Wochen dort auf Tour gehen. Das freut mich für ihn. Ich merke, dass es auch mir guttut, wenn es ihm besser geht, und ich ihm dann auch nicht mehr grolle.

Dabei fällt mir ein, dass es einen wunderschönen Moment mit Joseph gegeben hat, den ich ja eigentlich nicht mehr treffen wollte. Aber ich kann es nicht lassen. Er zieht mich magisch an. Das ist stärker als jedes kolumbianische Kokain. Wir hätten uns fast geküsst. Dass es dazu nicht kam, ist nur meiner enormen Willenskraft zu verdanken, es mal eine Zeit lang nur mit einem auszuhalten. Es ist wie eine Durchhalteübung beim Yoga. Ich atme das Begehren einfach weg.

Samstag, 12. Juli

Die Medien überschlagen sich! Natürlich finden sie die Platte nicht so doll, und ich denke ja auch, dass die Kritiker recht haben, wenn sie sagen, das Album wirke belanglos. Aber das ist ja alles vollkommen egal. Fakt ist der, dass sie einhellig sagen, dass es so etwas wie mich und das Phänomen Carla Bruni, diese Mischung aus Pop und Politik, die Konvergenz, den Auflösungsprozess von Grenzen und Sujetbeschreibungen noch nie gegeben hätte. Ich glaube, es ist das, was ich immer gewollt habe: über allem stehen. Erhabenheit. Ikone sein. Wenn es dazu vonnöten ist, einen Pakt mit dem Teufel einzugehen und hier diesen Première-Dame-Zirkus mitzumachen, nun denn. Ich habe weder mein Lachen noch meinen Schatten verkauft. Nur meine Freiheit. Und die hole ich mir schon noch wieder.

Dienstag, 15. Juli

Ich glaube, Nici gehen die Haare aus. Heute Morgen habe ich in seinem Reisekoffer eine Packung mit einer Flasche darin gefunden. »Kopfhautfarbe«, »Pavarotti Qualität – Ihr zuverlässiger Partner – auch für den großen Auftritt«. Ich muss zugeben, es ist mir etwas peinlich. Ich habe die Packung auch gleich zurückgetan und den Koffer wieder zugemacht. Es berührt mich auch unangenehm, wenn die Zeichen so offensichtlich werden ... Vor allem frage ich mich, ob es womöglich meine Schuld ist. Vielleicht liegt es daran, dass wir so viel ... dass alle Kraft unten rausgeht?

23 Uhr

Mein kleiner Schatz schläft. Ich bin so froh, dass Nici momentan politisch so erfolgreich ist. Dass die Dinge sich für ihn so gut anlassen. Die vielen Gipfeltreffen, seine Antrittsrede neulich, die Mittelmeerunion – er bekommt viel positives Feedback, und ich bin dankbar für jeden einzelnen Claqueur. Der Rummel um meine Platte, dieser wahnsinnige Hype, der um mich gemacht wird, weil ich so schön und so atemberaubend bin und eben auch noch so klug. Also so klug-klug, nicht dummklug, sondern so anders klug – und dabei noch so treffende Dinge sage, das würde Nici wohl schon sehr zusetzen, wenn er nicht selbst stark im Mittelpunkt stünde.

Ehrlich gesagt, zwei der großen Interviews, »Ich«, das in *Paris Match*, und »Die Kraft des kleinen Mannes«, das im *Figaro* erschienen ist, habe ich arrangiert. Und die Dokumentation, die das rumänische Fernsehen angeblich über ihn drehen will, geht auf meine Idee zurück. Ich bin so froh, dass Nici Arnaud und solch gute Freunde in der Medienwelt hat und dass Arnaud auf mich steht. Ich habe ihre volle Unterstützung bei dieser Aktion. Sie meinen auch, Nici wäre nicht auszuhalten, wenn ich so dermaßen im Mittelpunkt stehe, sich um ihn aber kein Hahn schert. Und das ginge gar nicht, schließlich wollen sie es sich doch in den Sommerferien in Brégançon, dem Sommersitz des Staatschefs, unweit unseres Ferienhauses, medientauglich gemütlich machen. Ohne Gegenleistung machen solche Typen aber auch gar nichts. Ich musste zusagen, ihnen ein Bikini-Konzert zu geben. Unplugged.

Mittwoch, 16. Juli

Heute habe ich ganz dicke auf die Kacke gehauen! Ich habe Lady Diana als mein Vorbild angegeben! Ich meine, eine Gefangene des Hofes, an den Hochadel verschachert, magersüchtig, später an den Brückenpfeiler gehetzt. Es ist schon erstaunlich, wie unglaublich blöd die Medien sind! Das zweite Vorbild, das ich nannte, war Jackie Kennedy. Auch da fragt keiner nach. Konfrontiert mich mit dem ja auch nicht ganz lustigen Leben einer Frau, deren Mann vor den Augen der Welt fremdgeht und dessen Gehirn ihr dann ins Gesicht spritzt. Oder fragt mal nach, ob ich das jetzt so sage, weil ich mich neuerdings im »Jackie-Stil« kleide. Weil man damit nichts falsch machen kann. Wohl dem Journalisten, der festgestellt hat, ich sei »durchtriebener als Madonna«. Warum hat der mich eigentlich noch nicht interviewt? Das wäre doch mal ein adäquater Gegner! Und wenn er dann auch noch gut aussieht …

Apropos falsch machen: Die Fotos von den Feierlichkeiten vom 14. Juli zeigen deutlich, dass ich bei öffentlichen Auftritten einen höheren Stuhl brauche. Die

Beine wie eine alte Jungfer zusammenzuhalten ist das eine, die Füße aber abzuknicken, als hätte man mir mit dem Beil hineingehauen, etwas anderes.

Abends

Dritter Platz! Das Album ist auf dem dritten Platz eingestiegen! Wozu mache ich das hier eigentlich alles? 111 Interviews in zwei Wochen, ein Auftritt in den Hauptnachrichten (als wenn ein CD-Release in die Hauptnachrichten gehörte!). Und dann nur der dritte Platz! Hinter Céline Dion und dem Schnuffel-Klingelton! Da kann ich mich ja gleich Troisième Dame nennen!

Donnerstag, 17. Juli

Ich bin ja froh, wenn mein kleines Kaninchen und ich uns gut verstehen. Und ich will auch nicht wieder etwas vom Zaune brechen, aber sein Gefummel geht mir doch mächtig auf die Nerven. Das an anderen. Ich mag es ja, wenn wir »1.000 kleine Krabbelkäfer« spielen. Und dass er die olle Betancourt neulich so angegrabbelt hat, das war ja in Ordnung, es war vorher abgesprochen. Aber jetzt wieder die Merkel. Ständig fasst er Mitarbeiterinnen oder auch Politikern auf den Rücken, an die Schulter oder den Arm. Ich glaube, er merkt es nicht einmal. Beim deutschen Walross, das aber in der Tat ganz nett ist, wie ich nun feststellte, ergreift er sogar die Hand, um nicht zu sagen, die Flosse. Mir geht das zu weit. Um ehrlich zu sein, ich bin eifersüchtig. Natürlich könnte ich fast jeden Mann bekommen, und das beweise ich mir auch täglich. Aber ich will eben nur den einen. Den einen kleinen. Und der soll gefälligst seine Griffel von den Frauen lassen!

Apropos Männer: Heute ist das letzte Mal, dass ich Joseph vor unserer Abreise nach Marrakesch treffe. Ich habe ein kleines Präsent für ihn besorgt: Handschuhe aus Walrossleder. Das Beste, was Gärtner tragen können. Da geht nichts durch. Ich habe seine Initialen einprägen lassen, ich hoffe, er freut sich. Wir sind ja auch in zwei Tagen schon zurück.

Dienstag, 22. Juli

Ich mache mir wirklich Sorgen um Nici. Seit ich entdeckt habe, dass er sich die Kopfhaut färbt, weil ihm die Haare ausgehen, frage ich mich, was als Nächstes kommt. Und auch, wie lang wir wohl noch zusammen sein können, so als Mann und Frau. Ehrlich gesagt, ich glaube nicht, dass ich es lang aushalte, wenn er mir nicht mehr der Mann sein kann, den ich brauche. Es ist eh ein Wunder, dass sich seine Attraktivität für mich schon so lang hält. Das hat natürlich mit seiner Macht zu tun und mit dem Leben, das er mir bietet. Aber reicht süß sein aus, um mich bei der Stange zu halten? Mein altes Kindermädchen hat immer gesagt, lieber ein Spatz in der Hand als ein Hengst auf dem Dach. Aber ich weiß wirklich nicht, ob ich für diese Betrachtung der Dinge nicht noch zu jung bin.

Mittwoch, 23. Juli

Heute Morgen sind die offiziellen Zahlen gekommen: Platz eins der Charts! Mein Album! Ich glaube, ich habe mich noch nie so lebendig gefühlt! Noch nie ist mein Bedürfnis im Mittelpunkt zu stehen, die Beachtung der Welt zu haben, so auf einen Punkt zusammengelaufen wie in diesen Tagen. Die ganze Zeit bin ich getragen von der Euphorie, die mein momentanes Leben auslöst. Dieses Leben ist größer als alles, was ich mir je vorgestellt habe. Ich wollte immer schon schön und begehrenswert sein, durch Klugheit auffallen, durch meinen Charme, durch meine Weltgewandtheit. Aber jetzt ist es nicht nur so, dass all diese Dinge zum Tragen kommen. Jetzt ist es sogar so, dass man meiner überbordenden Person nicht entkommen kann.

Ich werde gerade zur verordneten Galionsfigur. Ein wenig so wie die Frauen von Diktatoren: Evita Peron, Imelda Marcos, Elena Ceauşescu ... auch sie haben für die Kultur im Staat gestanden. Und das Volk musste sie mögen. Ich muss ein wenig aufpassen, dass die Franzosen sich nicht am Gängelband des Palastes fühlen. Vielleicht sollten wir die Strategie ändern und Plakate kleben lassen: »Sie müssen Carla Bruni nicht lieben, nur weil Sie Franzose sind.« Das bringt mir bestimmt einige Sympathien.

Donnerstag, 24. Juli

Es gibt schon wieder Ärger. Die Weinbauern. Mal wieder. Weil ich die Frage nach einer Schwangerschaft mit dem Hinweis verneint habe, mein Bäuchlein käme vom Bier, das ich trinke, haben sich die Winzer hellauf empört. Erst ein Präsident, der sich dem Exportgut Nummer eins versagt, nun die Frau des Hauses, die lieber Bier trinkt. Aus lauter Wut über die »Verräter der Nation« sind 300 von ihnen vor den Palast gefahren und haben uns sieben Laster mit ausgequetschten Reben vor die Tür gekippt. Zum Glück hatten wir noch die Kärcher im Haus, und Nici hat gleich das Personal angewiesen, zurückzuschlagen. Es war eine Wahnsinnssauerei.

Origineller fand ich die Bierbrauer. Ich meine nicht, dass ich französisches Bier trinken würde, Frankreich und Bier – das geht ja gar nicht. Aber immerhin hatten die Brauer eine tolle Idee und bringen nun demnächst das Diätbier »Carla« auf den Markt.

Freitag, 25. Juli

Ich spüre meine Erschöpfung. Merke, wie die trüben Gedanken sich einzunisten beginnen, wenn ich gerade mal nicht hinschaue. Frage mich, was danach kommt. Nach dem Hype und dem Rummel um meine Person. Wenn das Interesse erlahmt, die Anfragen weniger werden. Nici hat ja recht, wenn er sagt, ein Kind wäre nur ein weiterer Punkt, den ich abhaken würde, um mich durch einen neuen Aufmerksamkeitsschub abzulenken. Aber wovon? Das konnte er mir ebenso wenig sagen wie was ich dagegen machen soll.

Nachts

Manchmal habe ich das Gefühl, es ist wie eine Sucht. Ständig muss ein neuer Kick her. Eine Titelgeschichte, eine Livesendung, das Glückwunschtelegramm eines reichen Verehrers, eines Prinzen, eines Scheichs ... So lange das wirkt, ist alles in Ordnung. Lässt die Euphorie darüber nach, kommen die grauen Gedanken ... Ich bin so froh, dass wir nun die Ferien in unserem Haus an der Küste verbringen. Das hilft mir vielleicht, einfach nur Carla zu sein und mich mit dem zufriedenzugeben, was ich habe. Was ja alles ist. Ich weiß, ehrlich gesagt, gar nicht, was ich noch vom Leben wollen könnte. Was ja wiederum auch unglaublich schrecklich ist. So jung zu sein und ohne Ziel, nichts mehr zu haben, was man anstrebt.

Samstag, 26. Juli

Joseph. Seine Zunge. In meinem Mund. In meiner Achsel. Auf meinen Brüsten. Die Schwielen seiner Gärtnerhände, die kratzige Hornhaut, die wie ein Reibeisen meine Schenkel entlangfuhr. Ohne jedes Zucken, ohne jeden Zweifel blickt er mir in die Augen, die eine Hand in meinem Nacken, mit der anderen hält er meine Hände über meinem Kopf fest. Blickt mich an, sagt: »Und, was willst du?« Schon jetzt könnte ich schreien, weiß nicht mehr, wohin mit mir. Fühle, wie sein großer, großer Penis an meinem Schenkel pulsiert. Immer wieder seine Zunge in meinem Ohr ... Ich weiß nicht, wie lange ich so unter der Dusche gestanden habe. Ich weiß nur, dass mir das blöde Duschgel alles versaut hat, weil es prompt in dem Moment auf meinen Fuß gefallen ist, als sich alles so real angefühlt hat, dass es nur noch die Frage von wenigen Augenblicken gewesen wäre.

Dienstag, 29. Juli

Wie ich das hasse, diese Pärchenabende! Jetzt waren doch tatsächlich die Obamas bei uns! Momentan könnte ich meine Zeit wirklich sinnvoller zubringen, als darüber zu diskutieren, ob die Kinder besser in einem amerikanischen oder Schweizer Internat auf ihre Eliterolle vorbereitet werden. Und dann dieses Abgeklopfe unter den Frauen! »Und, was machen Sie so?« Als ich Laura Bush neulich sagte, ich sei Musikerin und brächte demnächst eine Platte raus, fragte sie doch tatsächlich: »Für Kinder?«

Obama-Mama ist ja wenigstens nicht ganz so blöd. Im Gegenteil. Wir sind ziemlich schnell beim Thema Männer gelandet und haben uns ordentlich einen gezwitschert. Entsprechend lustig hatten wir es. Im Gegensatz zu unseren Männern. Die fanden sich, glaube ich, einfach nur unsympathisch. Nici hat ununterbrochen an unserem Gast herumgefummelt, was Barack, glaube ich, ziemlich verunsichert hat. Und dann Nicis grauenhaftes Englisch! Seit zwei Monaten hat er Nachhilfe, aber es will einfach nichts fruchten. Zwar sagt er jetzt ständig irgendwelche Humpty-Dumpty-Verse auf, aber er verwechselt noch immer he und she.

Natürlich ist Obama ein Hit! Welch ein Mann! Diese Kraft, diese Männlichkeit, die sein Körper aus jeder Pore ausstrahlt! Er erinnert mich an den Schwarzen, den ich auf St. Barth hatte, als wir die Seifenwerbung geschossen haben. Oder war es für Kokosbutter? Egal. Ich glaube, Nino war sein Name – geschmeidig wie ein Tier mit der Kraft eines schlafenden Vulkans. Und dann ist Obama noch so schlau und so klug und so charismatisch – und so Pop! Ich glaube, das ist es, was mich anzieht – er ist wie ich*: Pop at its best*. Nur dass er dafür nicht so viele Berater braucht.

Aber davon abgesehen, ist er ein echter Arsch. Nicht dass er nicht freundlich mit mir geplaudert hätte, aber er hat mich überhaupt nicht angeguckt. Ich meine, als Frau betrachtet. Er wollte überhaupt nicht flirten. Da kann er eine neue Weltordnung aufstellen, wie er will, ein Mann, der mich nicht anders betrachtet als seine Teekanne, bekommt ein doppeltes Minus auf dem Punktekonto. Dafür hätten wir die Abreise in die Ferien wirklich nicht erneut verschieben müssen.

Mittwoch, 30. Juli

Heute Mittag geht es endlich los. Ich freue mich sehr, denn ich bin schrecklich urlaubsreif. Ich bin froh, dass Maman den Besuch der Grimaldis noch abwenden konnte, noch mehr Volk um mich herum halte ich im Moment nicht aus. Der Eklat aus den letzten Tagen zehrt noch sehr an meinen Nerven. *Paris Match* hatte letzte Woche Fotos von mir veröffentlicht, die allesamt sehr unvorteilhaft sind. Egal welches Bild, mein Gesicht ist total fratzenartig. Ich sehe aus, als trüge ich eine Maske. Ich habe verlangt, dass meine Fotos nicht länger nachträglich am Computer bearbeitet werden. Daraufhin sagte man mir, sie seien nicht nachträglich bearbeitet worden, es müsse vorher etwas mit meinem Gesicht passiert sein.

Natürlich bin ich total aus der Haut gefahren und habe sofort veranlasst, dass mein Sekretär Sharon Stone kontaktiert. Sie hatte ja dasselbe Problem, als infolge intensiver Gesichtsgymnastik behauptet wurde, sie habe was machen lassen. Auf allen anderen Titelbildern sehe ich aber recht normal aus. Perfekt eben.

Es ist schade, dass es vielen Franzosen peinlich ist, dass wir uns so in den Vordergrund spielen. So kann ich meinen Coup – ein ausrangiertes Modell, eine mittelprächtige Musikerin wird wider eigene Erwartung erneut zum Hot Shot – gar nicht richtig auskosten. Dass nicht einmal die Gay Community mich in den Ikonenhimmel hebt, gibt mir schon zu denken … Apropos Ikone: Gestern Abend hatten sich neun Fans vor dem Palasttor postiert und meinen Namen gerufen: »Carla, unsere Königin, Carla, wir verehren dich!« Total süß. Ich habe sie vom Fenster aus beobachtet. Sie hatten Spruchbänder und Fotoplakate dabei. Auch jetzt noch bin ich ganz gerührt, wenn ich daran denke. Ich habe sie dann aber doch sehr schnell entfernen lassen. Neun Stück! Das ist doch etwas peinlich.

Donnerstag, 31. Juli

Nici hat seine Badehose vergessen. Als ob das so schlimm wäre! Ich habe vorgeschlagen, eine neue zu kaufen, und da ist er wieder einmal komplett ausgerastet. Hat das Rumpelstilzchen gegeben und geschrien, das sei typisch für mich, die Italienerin, dass ich das Geld so raushaue. »Neu kaufen! Neu kaufen!«, hat er gebrüllt und mir vorgeworfen, ich würde leichtfertig sein Sauerverdientes ausgeben. Dass ich ganz ruhig geblieben bin und vorgeschlagen habe, ich könnte ihm eine neue Badehose kaufen, hat es nicht besser gemacht. Er meint, ich würde meine Überlegenheit ausspielen wollen.

Maman hat völlig recht, wenn sie sagt, Männer verkraften es nicht, wenn eine Frau vermögender ist als sie. Und nun bin ich ja auch noch größer als er, jünger, habe den besseren Hintergrund, die bessere Ausbildung, kenne mehr Leute, bin berühmter und beliebter. Es ist schon toll, wie mein kleiner Schatz das aushält. Das ist die Größe, die ich an ihm liebe. Aber er sieht das nicht. Er sieht momentan gar nichts. Er hat den Hubschrauber losgeschickt, die Badehose holen. Auf Staatskosten.

August

Ich und Zipfel-Lama

Samstag, 2. August

Liebes Tagebuch, ich kann Dir gar nicht sagen, wie glücklich ich bin. Wir haben so schöne Tage hier am Meer. Endlich Ruhe. Endlich kein Trubel. Nur Nici, Louis, sein Jüngster, mein kleiner Aurélien und ich. Maman, ihr Freund Bruno, meine marode Schwester mit ihrem unfähigen Ehemann und den ungehobelten Gören. Für morgen hat sich mein Cousin Philippe mit seiner Bagage angekündigt, aber seine Kinder sind alle drei taubstumm, das ist nicht so wild.

Ich habe mir eine Pressesperre auferlegt und schaue in keine Zeitung und kein Magazin. Es ist der einzige Weg, für ein paar Tage wirklich abzuschalten. Trotzdem frage ich mich, ob es so klug war, mit der Ferragamo-Sonnenbrille ins Wasser zu gehen, oder ob nicht ein Modell von DKNY oder Carrera passender gewesen wäre, um meine Weltläufigkeit zu verdeutlichen.

Sonntag, 3. August

Heute ist etwas ganz Unheimliches passiert: Ich lag auf den Felsen am Meer, als plötzlich Eric-Clapton-Töne erklangen. Es war kein zusammenhängendes Lied. Nur Versatzstücke. Ganz eindeutig aber Clapton. Seine Gitarre ist unverkennbar. Nicht umsonst habe ich ihn wegen dieses Gejaules verlassen. Ich habe mich so erschreckt! Ich dachte, er sei in Nordkorea. Nun aber habe ich das Gefühl, er hockt irgendwo zwischen den Felsen und jault auf seiner Gitarre herum.

Ich habe sofort die Sicherheit kommen lassen, die mussten jeden Felsspalt ausleuchten. Da war aber nichts.

Ich habe nun wirklich etwas Angst. Zumal ja erst der Flieger über unserm Haus kreiste. Irgend so ein armer Fluganfänger, der nichts von der Sperrung des Flugraumes wusste. Natürlich war mein erster Gedanke: »Eric!« Das würde zu ihm passen, hier über meinem Kopf seine Runden zu drehen und dabei einen Hit zu schreiben. War aber nicht Eric. War ein armer Irrer, der Glück gehabt hat: Nici wollte ihn sofort abschießen lassen, konnte aber die Nummer vom Verteidigungsminister nicht finden.

Abends

Jetzt ist Jean, die Pestbeule, doch hier aufgekreuzt. Ich hatte gehofft, er würde mich wenigstens in den Ferien mit seiner Präsenz verschonen. Zumindest hat er seine Kleine mitgebracht. Hab schon wieder vergessen, wie sie heißt, das ist wohl was Freudsches, dass ich mir das nicht merken will. Auf jeden Fall ist er weniger anzüglich, wenn sie dabei ist. Aber es reicht schon, dass er den ganzen Tag in dieser hautengen Badehose von Aussiebum rumläuft, an der sich absolut jede Ader abzeichnet. Wenn die beiden nicht gerade den Kühlschrank leer fressen, vögeln sie. Na, mir soll's recht sein. So lässt er mich wenigstens in Ruhe.

Montag, 4. August

Manchmal wundere ich mich doch sehr über Nici. Ich meine, er ist doch immerhin Franzose. Aber wahrscheinlich ist er wohl vor allem ein Mann. Anders kann ich es mir nicht erklären, dass er es fertigbringt, zu seinen Sportschuhen und Shorts weiße, fast knielange Strümpfe zu tragen. Zumal vor der Tür die Pressemeute lauert und auf genau so einen dämlichen Auftritt wartet. Wenn ich ihn darauf anspreche, sagt er nur: »Wieso? Die sind doch noch gut!«

Nachmittags

Die Stimmung ist schlecht. Es hat einen Riesenknall zwischen Nici, Jean und meiner Mutter gegeben. Nici hat Jean asoziales Verhalten vorgeworfen, weil er den ganzen Tag im Bett liegt und sich nicht an Familienaktivitäten beteiligt. Worauf Jean sagte, er sei noch nicht in dem Alter, wo man sich mit Boule-Kugeln die Zeit vertreiben müsse. Er habe es lieber, wenn mit seinen Kugeln gespielt würde. Da ist Nici total aus der Haut gefahren und hat ihn einen sexsüchtigen Nichtsnutz genannt, der die Werte der Zivilisation mit Füßen trete. Als Hausherrin wollte Maman schlichten: »Seien Sie doch ein wenig nachsichtig mit der Jugend«, hat sie gesagt. »Wir waren doch alle so.« Worauf Nici sagte: »Sie, Madame, vielleicht, ich nicht!«, und davonstapfte. Jetzt sind alle sauer. Und ich muss mir wieder anhören, was für einen trotzigen Kleingeist ich doch geheiratet habe.

Mittwoch, 6. August

Morgen schon muss Nici wieder los. Nach Peking. Ich werde mit den Kindern noch ein paar Tage hierbleiben, bis ich am 22. den Dalai Lama treffe. Da freu ich mich sehr drauf und hoffe, dass mein »Free Tibet«-T-Shirt bis dahin wieder auftaucht.

Ich will in diesen Tagen nicht ständig so berechnende Gedanken haben, aber ich finde, Nici und ich sind die ausgefuchstesten Politstrategen, die man sich vorstellen kann: Er fährt nach Peking und macht brav den Hofknicks, und ich treffe die Gegenseite, die er nicht treffen kann, ohne sich richtig Ärger einzuhandeln und die wirtschaftlichen Belange zu gefährden. Empfängen wir den Dalai Lama nicht, wäre das in der Außenwirkung fatal – so kann ich die Gute sein, die die Sympathien einfährt, die letztlich ihm zugute kommen. *The Beauty and the Beast.* Perfekt!

Trotzdem fühle ich mich nicht recht wohl dabei, dass ich immer so berechnend bin und immerzu gucke, wo wieder ein Vorteil für uns steckt. Das macht bestimmt kein gutes Karma. Vielleicht weiß der Dalai einen Rat.

Montag, 11. August

Ich bin so froh, die kleine Pestbeule ist wieder abgereist. Jetzt kehrt ein wenig Ruhe ein. Nicht nur, weil das Gestöhne am helllichten Tag nun ein Ende hat (by the way: Mit Nici ist tagsüber nichts anzufangen, der ist durch die Hitze platt wie ein Rochen), auch, weil nun niemand mehr hier ist, der sich ständig in der Wolle hat. Aber so sehr mir die Goldlocke auf die Nerven geht, so sehr kann ich Jeans Enttäuschung verstehen. An einer Häuserfassade als »diebischer Jude« beschimpft, in den Ferien dann »sexsüchtiger Nichtsnutz« genannt. Von seinem Vater. Ich denke, Kotzbröckchen hatte sich seine Ferien anders vorgestellt.

Mittwoch, 13. August

Was für eine Aufregung! Das Anwesen ist voller Polizei, Geheimdienst und Beamten vom Top-Secret-Geheimdienst (TSG). Es gab Eindringlinge. Als Nici heute Morgen zu unserer Bucht ging, um sein Sechs-Uhr-Bad zu nehmen, hatte jemand »Carla, I wanna uck you!« in den Sand geschrieben. Nici hat getobt. 120 Beamte sind rund um die Uhr im Einsatz, um unsere Eigentumsgrenzen zu bewachen – und dann so etwas! Es gibt keinen Anhaltspunkt, wie derjenige an unseren Strand gekommen sein könnte, da ja auch das Wasser durch Ultraschall kontrolliert wird. Allerdings geht der TSG davon aus, dass es ein Franzose sein muss. Wegen des fehlerhaften Englisch.

Mein erster Gedanke war natürlich, dass es Eric sein könnte. Gerade nachdem doch letzte Woche diese Songfetzen an den Strand herübergeweht sind. Aber auch, wenn er zuletzt ganz schön verwirrt war, so ist sein Englisch immer noch ganz in Ordnung, wenn es drauf ankommt.

Nachmittags

Habe eine SMS von Joseph bekommen! Er schreibt, der Garten hätte seine schönste Blüte verloren, die Vöglein vermissten mich, und die Blumen ließen traurig ihre Köpfe hängen ... Ich weiß noch gar nicht, was ich darauf antworten soll. Es ist so schwierig, die Balance zu finden, die ich als Verheiratete ja halten muss. Als Gefangene in Sittenhaft, verurteilt zu lebenslänglich.

Donnerstag, 14. August

Nici bekommt jetzt ein Hoch. In Anerkennung seiner Vermittlungsleistung im Konflikt zwischen Russland und Georgien hat der französische Wetterdienst jetzt beschlossen, das nächste Hoch »Nicolas« zu nennen. Momentan allerdings warten wir noch. Auch für die nächsten Tage ist viel Regen angesagt. Nici befürchtet, bis das nächste Hoch kommt, könnte sich keiner mehr an ihn erinnern, wo die Russen sich doch jetzt schon an keine Vereinbarung mehr halten. Ich befürchte, da hat er recht.

Freitag, 15. August

Ich wollte ja für die Dauer der Ferien keine Zeitung lesen, aber Maman steht den Boulevardblättern in nichts nach. Sie hat etwas gehört, das mich sehr aufregt, und ich überlege, jetzt endlich die längst überfällige Initiative gegen dumme Modedesigner zu gründen. Ich hatte mit Wolle Joop ja nie viel am Hut, zu viele Buchstaben, zu viel Gold am Revers. Was der aber von sich gibt, seitdem er nicht mehr so ganz taufrisch ist, schlägt dem Fass den Boden aus. Jetzt sagt er doch: Ein Zeichen guten Stils von Frauen sei der souveräne Umgang mit ihren Fehlern. Als Beispiel nennt er Jennifer Lopez »mit ihrem viel zu dicken Arsch«. Jetzt ist ein dicker Hintern schon ein Fehler. Eine Charakterschwäche!

Also auf jeden Fall bin ich sehr empört und überlege, was ich tun kann, um der Dummheit Paroli zu bieten. Blöderweise muss ich nun aber mit dem Denken aufhören. Chirac und seine Gattin kommen gleich zum Essen, und ich muss die Vorbereitungen überprüfen. Die beiden sind ja schon sehr tattrig, und der Herr vom Protokoll und ich hatten überlegt, ob wir die Suppe in einer Schnabeltasse servieren lassen. Da war Nici aber dagegen, und nun muss ich gucken, ob daran gedacht wurde, eine Latexauflage unter die Tischdecke zu legen. Ich habe keine Lust, dass die beiden Alten uns den schönen Palisandertisch versauen.

Sonntag, 17. August

Die Chiracs waren gar nicht so schlimm. Um zehn, als wir gerade beim Dessert waren, ist er komatös weggedämmert. Das war sehr praktisch, weil man ihn einfach mit dem Stuhl hinaustragen konnte.

Nici und ich waren ganz angetan, so unverhofft einen Abend zu zweit zu haben. Wir sind ans Meer gegangen und haben in den Himmel geschaut. Es war wunderschön. Eine Sternschnuppe nach der anderen ist herabgefallen. Was ich mir gewünscht habe, ist ja klar. Aber klar ist auch, dass ich nicht einfach ein Baby will. Ich will Zwillinge. Das haben die jetzt alle. Julia Roberts, Angelina Jolie und die mit dem dicken Arsch. Wäre ja peinlich, wenn mir das nicht auch gelänge und ich denen das PR-Feld überlassen müsste.

Dienstag, 19. August

Ich frage mich, wer hier eigentlich die Termine macht. Also ich bin es nicht. Wir müssen uns unbedingt einen Familienkalender beschaffen, in den jeder seine Termine einträgt. Nici ist manchmal so ein Schussel! Der vergisst einfach, dass er schon Königin Rania von Jordanien zum Essen eingeladen hat, und dann steht auf einmal auch noch Bono vor der Tür. Nicht genug, dass der mich ständig an Eric erinnert mit seinem Coole-Musiker-waschen-sich-eben-nur-ab-und-zu-Look, er ist natürlich auch Veganer. So ein Ich-rede-die-ganze-Zeit-drüber-Veganer. Nici hatte Königin Rania zu Ehren extra Kutteln und Austern anrichten lassen. Überflüssig zu sagen, dass dem Schaf sein Magen weder einfach so aus dem Körper noch die Muscheln freiwillig von der Felswand gefallen sind. Mein lustiger Ehemann hat sich nach ein paar Minuten einfach verdrückt, und ich saß mit dem Stinke-Iren und dieser wunderschönen, nach 45 Minuten Veganer-Gelaber völlig weichgekochten Königin allein da. Zum Glück fand sie ihn aber irgendwie charmant. Sie hat ihn sogar gefragt, ob sie ihn in ihrem Hubschrauber nach Hause bringen soll. Die beiden sind tatsächlich gemeinsam abgedampft. Nici habe ich im Arbeitszimmer wiedergefunden, wo er total weggetreten Sky-Shooter gespielt hat. Er ist bereits auf Level 13 und befehligt die Bodentruppen. Na denn.

Mittwoch, 20. August

Die *Vanity Fair* ist raus, mit mir als Titelgeschichte. Abgesehen davon, dass natürlich der ganze Artikel erst mal 3.000 Zeilen lang um Nici geht, verstehe ich diesen ganzen Bohei um die Fotos nicht. Ehrlich gesagt, ich finde nicht, dass Annie Leibovitz so toll fotografiert. Also auch nicht besser als, sagen wir mal, Bryan Adams. Und ehrlich gesagt, hatte sie auch mal bessere Ideen. Mich aufs Dach vom Élysée zu stellen, ist ja erst mal ganz hübsch. Aber eigentlich hätte es dann Sinn ergeben, wenn man den Palast erkennt. Oder zumindest die Stadt und nicht nur zwei olle Dächer sieht. Wenigstens haben sie den Eiffelturm noch eingebaut, damit man weiß, dass das nicht Oslo ist oder Tours. Nicht einmal der Himmel liefert ein dramatisches Schauspiel. Alles grau in grau. Außerdem zürnt es mich, dass sich niemand an meine Weisungen hält. Ich hatte erlassen, dass meine Fotos nicht mehr bearbeitet werden dürfen. Und wieder sehe ich aus wie eine Fratze. Wie eine schreckliche Figur aus *Die Nacht der reitenden Leichen*. Die Fratze auf dem heißen Blechdach.

Freitag, 22. August,

Oooooh, kreisch!!! Mir ist etwas ganz, ganz Peinliches passiert und ich kann nur hoffen, dass es nicht gleich die Runde macht. Irgendwie hatten wir – der Tross und ich –, als wir auf den Dalai Lama warteten, so dies und das geredet. Über Tibet und das Leben im Exil. Wie es so ist, ohne Heimat zu sein, ein Leben auf Trebe quasi. Und irgendwie muss sich da eingenistet haben, der Dalai hätte eine Frau. Jedenfalls hab ich ihn, als wir für einen Moment zusammenstanden und darauf warteten, dass die Zeremonie losgeht, gefragt, ob denn Frau Lama auch noch käme. Da hat mich das Männlein so entgeistert angestarrt, als ob ich sie nicht mehr alle hätte. Für einen Moment habe ich gedacht, der tötet mich mit seinem Silberblick.

Kouchner, der Außenminister, der neben mir stand, hat mir dann in zwei Sätzen den Sachverhalt dargelegt, und, liebes Tagebuch, ich muss Dir ja nicht sagen, wie peinlich mir die Situation war. Ich bin knallrot geworden, und da hat der Lama weise gelächelt und gesagt, es zeige, wie glücklich ich in meiner Ehe sein müsse, wenn ich das Gefühl habe, einer allein genüge nicht. Da wollte ich gerade ausholen und ausführen, dass ich eigentlich gar nicht so der Zweier-Typ bin, sondern die Polygamie vorziehe, und dass das alles überalterte Konstrukte sind, falsche Moral, aber dann kam der Lama-Sekretär mit dem Begrüßungsschal, und wir mussten zum offiziellen Teil übergehen. Schade eigentlich. Ich wette, der weise Mann aus dem Orient hätte mich verstanden.

Mein »Free Tibet«-T-Shirt habe ich übrigens doch nicht angehabt, es ist einfach nicht wieder aufgetaucht.

Samstag, 23. August

Es ist immer noch kein Hoch da. Es regnet seit Tagen. Der arme Nici. Wenn das so weitergeht, wird er alt und grau sein, wenn »Nicolas« endlich über Frankreich herrscht und Sonne und Wärme bringt. By the way (ich will jetzt nicht mehr so viel »Apropos« sagen, sondern lieber »by the way«, das klingt kosmopolitischer, also by the way): Ich glaube, ich hab mir eine Erkältung geholt, als ich mit Herrn Lama unterwegs war. Ich verstehe nicht, wie der die ganze Zeit in Flipflops und ohne Jäckchen rumlaufen kann. Hätte ich es ihm nicht gleichtun wollen, wäre ich jetzt nicht so verschnupft. Der ist eben viel abgehärteter. Dumm auch, dass ich das mit dem Verzicht falsch verstanden hatte und ohne BH unterwegs war – selbst bei flachen Schuhen (war ja wieder so'n Zwerg, konnte ja wieder nichts Hohes anziehen) schuckelt mein Busen mittlerweile doch sehr.

Mittwoch, 27. August

Wir sind wieder in Paris. Total langweilig hier. Nichts los. Stapelweise Post, aber alles ohne Bedeutung. Nur Schrott! Ich verstehe das nicht. Ich frage mich, wo die Einladungen bleiben. Zu den Empfängen, den Partys. Kein Hahn kräht nach mir. Außer Nici. Der kann momentan gar nicht genug bekommen, seit er bei diesem Anti-Ageing-Spezialisten war. Er trägt jetzt ein Testosteronpflaster, um den Prozessen des Alterns entgegenzuwirken. Seine Haare fallen aber immer noch aus. Ich habe das Gefühl, das Zeug geht direkt nach unten. Obschon er das Pflaster auf dem Arm trägt. Zuerst wollte er es sich an den Kopf kleben, aber das wäre natürlich aufgefallen. Dann hatte er die Idee, es auf seinen Penis zu heften. Aber ich konnte ihm überzeugend verdeutlichen, dass das nicht sein Thema ist. Also jetzt auf dem Arm und trotzdem Daueralarm.

Aber ich wollte noch mal auf die Post zurückkommen bzw. die nicht vorhandenen Nachfragen. Es ist schon erstaunlich, wie schnell das Interesse erlahmt. Eben noch haben sich alle überschlagen, sich um mich gerissen, konnten gar nicht genug von mir bekommen – jetzt die einzige Interviewanfrage aus Tuvalu! Hat wohl etwas gedauert, bis bei denen die Platte angekommen ist. Jedenfalls retten diese Kinderkrankenhäuser-Eröffnungen, die Einweihung der »Brücke der Nächstenliebe«, eine symbolische Brücke in die Banlieue, eine echte will ja keiner bauen, da könnte man ja gleich sein Geld ins Klo werfen, mich nicht. Ich weiß gar nicht, wie es die nächsten Wochen werden soll, wenn keiner mich in den Mittelpunkt stellen will. Zum Glück gibt es wenigstens die Anfrage, bei der BBC zusammen mit Metallica aufzutreten. Außerdem ist Nici momentan so gefragt, da kann ich mich bei einem Fototermin einfach mal daneben stellen.

Donnerstag, 28. August

Ich glaube, ich habe mich getäuscht. Von wegen nichts zu tun, Mußestunden, Kleiderschrank sortieren, alte Freunde anrufen – ich bin stante pede in den Fängen des

Protokolls gelandet. Ein neues Trauerkostüm soll genäht werden, weil ich so zugenommen habe, ein halber Zentimeter im Bauchumfang! Mein Gynäkologe, Professor Clafouti, sagt, das sei normal in meinem Alter, ab 40. Ein Kilo alle drei Jahre sei biologisch bedingt, außerdem eine Fettverschiebung gen Bauch. Super. Da kann ich mir ja ausrechnen, wann ich so aussehen werde wie Nicis Mutter, das Trumm.

Also, Termin mit dem Schneider, drei Einweihungen und dann vor allem das Double-Testing. Wer sich das nun wieder ausgedacht hat! Nici soll ein Double bekommen. Für gefährliche Termine und Winke-winke-Auftritte. Also etwa, wenn man in einem Land wie Israel oder Somalia noch ein wenig auf dem Rollfeld rumstehen muss, für die Fotografen und das Blabla. Dann soll Nici als Araber oder Steward verkleidet hinten in die Maschine, während vorn sein Double steht. Oder bei rein repräsentativen Terminen. Da hat so ein wichtiger Mann ja eigentlich gar keine Zeit für. Aber das muss ja nicht er machen, das kann ja auch jemand anders übernehmen, Hauptsache, der Präsident lässt sich blicken und huldigt der Menge. Ich finde die Idee gar nicht so übel. Das haben alle Diktatoren so gemacht. Und mir würde es etwas mehr Ruhe geben, weil ich mich weniger sorgen müsste. Trotzdem: An mich denkt mal wieder keiner. Ich darf auf dem Rollfeld als Zielscheibe herhalten, und der ganze Trouble mit der Lookalike-Wahl bleibt auch an mir hängen, weil ich jeweils einen Tag mit den Kandidaten verbringen soll. Ich soll »erspüren«, wer der Richtige ist. Es geht also um Handlichkeit und ob sich Nici 2 »geschmeidig in die Erfordernisse einfügt«, wie es im Protokoll heißt. Morgen Mittag geht es los, dann kommt Serge, ein Mitarbeiter der enzyklopädischen Abteilung des Arthur-Meyer-Archivs aus Orly. Als ob ich sonst nichts zu tun hätte.

Samstag, 30. August

Serge will ich nicht! Der spricht nicht. Nicht dass immer einer so viel sabbeln muss wie mein lieber Mann, aber ab und zu ein Wort wäre ganz schön. Ansonsten hat er aber seine Sache ganz gut gemacht und ist mir auch nicht auf die Nerven gegangen. Etwas gemein war allerdings das, was die vom Innenministerium den »Arsch-und-Titten-Test« nennen. Dreimal haben sie dem armen Unwissenden ein heißes Model aufmarschieren lassen und alle drei Male sind ihm die Augen übergegangen. Das würde Nici nie passieren. Der lässt alles an sich vorbeirauschen und geht lieber einen Moment später persönlich noch mal vorbei. Weil man Serge das angeblich aber abtrainieren könnte, woran ich als Frau so meine Zweifel habe, bleibt er vorerst im Rennen. Merkwürdig war das aber doch für mich, einen Mann an meiner Seite zu haben, der aussieht wie mein Liebster, aber doch ein anderer ist. Ich muss höllisch aufpassen, nicht zu vertraut oder zärtlich mit ihm zu sein, nur weil er ausschaut wie mein geliebter Schatz. By the way: Nici kommt gerade vom Joggen zurück. Ich glaube, ich werde mit ihm ein Müsli essen.

September

Der Süße, das nette Walross und ich

(aufgenommen im Juli)

Dienstag, 2. September

Habe einen total guten Run. Letzte Woche war ich ja noch bekümmert, weil nach mir kein Hahn kräht, außer Nici, der vor allem immer dann nach mir ruft, wenn er mal wieder was nicht finden kann – nun aber kann ich mich gar nicht mehr beklagen. Alles läuft bestens. Das Okay für das Showcase mit Metallica scheint nur der Anfang zu sein, drei Stunden später war auch noch der Auftritt in einer deutschen Fernsehsendung eingetütet. Ist zwar nur Deutschland, dafür aber die größte Sendung. *Wetten, dass…?* heißt sie, Kalle Lagerfeld kommt auch mit. Keine Ahnung, was der da soll. Reicht doch, wenn ich da bin. Aber die Fernsehleute sind nicht auf ein »Er oder Ich« eingegangen. Es ist dumm, dass Nicis Unternehmer-Freunde in Walross-Country keinen Einfluss haben. Die sollten ruhig mal dort die Sender kaufen, damit ich mir nicht von so einem alten Knacker die Show stehlen lassen muss. Seit dem Interview, das ich vor ein paar Monaten für die *Elle* – oder war es die *Madame*? – geführt habe, habe ich echt keine Lust mehr auf den dürren Stehkragen. Die ganze Zeit ist er mir in die Parade gefahren, und noch bevor ich was fragen konnte, hat er schon geantwortet. Aber außer Kalle ist auch noch ein gregorianischer Pater in der Sendung. Das finde ich total super. Seit meiner Begegnung mit dem Dalai Lama neulich weiß ich, dass Kirchenmänner mein Ding sind.

Mittwoch, 3. September

Habe zum Mittag Pierre Menchant getroffen, Mr. Zweitwichtig von der Plattenfirma. Es sei ihm sehr peinlich, bla, bla, bla, die Platte hätte sich nicht so gut verkauft wie angenommen und wie »bereits kommuniziert«, wie sie es nennen, wenn sie falsche Zahlen veröffentlicht haben. 80.000 Stück wurden von der CD nur verkauft. 80.000! Das ist lächerlich! Lächerlich! Für all den Wirbel, den wir veranstaltet haben. Ich frage mich ernsthaft: Wenn die bekannteste Französin, die am meisten im Mittelpunkt stehende Frau dieses Landes, geliebt und gehasst, mit einem unglaublichen Pressewirbel, einem Auftritt in den Hauptnachrichten, gekauften Berichten und so unglaublichem Sexappeal es nicht schafft, Bedürfnisse zu schüren, Begehren zu erzeugen – wer dann? Warum in Gottes Namen funktioniert das nicht? Die Frauen lassen sich doch sonst jede noch so groteske Handtasche als »It-Bag« verkaufen! Und erst die Männer! Soll ich die Beine breit machen und die CD aus meiner Mumu pressen, damit sie die haben wollen?!?

Ich verstehe das nicht. 80.000 – da hätte ich mir den ganzen Aufriss auch sparen können. Ich bin nur froh, dass ich so reich bin und nicht angewiesen auf die paar Kröten. Apropos Kröten: Ich hatte ja gesagt, dass ich das Geld spende. Aber erstens hat noch keiner nachgefragt, was mit dem Geld passieren soll, und außerdem finde ich, gilt das jetzt nicht. Das hat sich für mich ja quasi gar nicht gelohnt. Dann, finde ich, muss ich auch nichts spenden.

Donnerstag, 4. September

Oh, ich könnte toben! Also, ehrlich gesagt, tobe ich! Immer noch. Nici und ich haben uns ganz schlimm gestritten. Mit Heulen, Kreischen, Ballerinas werfen, allem Pipapo. Dati, die alte Natter, ist schwanger. Eine schwangere, unverheiratete Ministerin ist das eine. Das ist mir ja ein willkommenes Zeichen des Feminismus. Aber – und das ist das Schlimme – ich glaube, das Kind ist von Nici. Die Medien spekulieren zwar aufgeregt hin und her, welchen Mover & Shaker sie da abgezapft hat, aber mich können die Namen nicht ablenken von dem Gefühl, dass Nici der Vater ist. Sie war immer scharf auf ihn. Sie war schon so nah dran. Begleitete ihn auf allen Reisen, war schon allgemeiner Tuschelinhalt. Und dann kam ich. Sie hat es mir nie verziehen, dass ich ihr die Show gestohlen habe. Und vor allem nicht, dass es irgendwie in die Öffentlichkeit gelangt ist, dass ich beim Rundgang im Élysée vor unserem Bett zu ihr gesagt habe: »Na, da wärst du doch auch gern drin gelandet.«

Und das Theater, das sie Nici gegenüber gemacht hat, als ich ihr untersagt habe, hier weiterhin morgens vor acht Uhr anzurufen. »Das wirst du bereuen!«, hat sie zu mir gesagt. Und wie könnte man eine Frau wie mich anders treffen als mit so einem Schachzug! Ich weiß doch genau, wie Frauen sind. Wie mies und durchtrieben. Wer sollte das besser wissen als ich? Ich habe alle Termine abgesagt. Auch dieses blöde Nici-Double kann ich diese Woche nicht testen. Ich kann nur noch heulen und Nici mit meinen Fäustchen auf die Brust schlagen. Auch wenn er sagt, er kann es gar nicht gewesen sein, weil Frauen, die seine Initialen in ihr Schamhaar rasiert haben, ihn überhaupt nicht anmachen.

Samstag, 6. September

Jetzt auch noch das: ein Termin, den ich nicht absagen kann. Freitag sollen wir den Papst treffen, dieses in Asche gewendete Klappermodell. Irgendwie zieh ich gerade Gottes Fummeltrinen an. In der ersten Jahreshälfte waren es die Geiseln, jetzt sind es die Weihrauchmännchen. Und das in meinem desolaten Zustand: Ich habe seit Donnerstag nicht mit Nici gesprochen, ich kann diesem Verräter nicht in die Augen blicken.

Dienstag, 9. September

Die Presse liest meine Gedanken. Ich weiß nicht, wie sie das macht, ob sie mit Hochfrequenzgeräten die Funken in meinem Hirn abfängt, ich weiß es nicht. Ich weiß nur, dass es so nicht weitergeht, ich kann nicht einmal in Ruhe denken, ohne es anschließend in der Zeitung zu lesen. Dati, die alte Schlange. Die schwangere Kobra. Es hat keine drei Tage gedauert, bis die Presse sich das Maul darüber zerriss, ob nicht Nici der Vater ist. Sie rechnen zurück, wann die Befruchtung stattgefunden haben muss. Prüfen nach, wo die alte Natter zu dem Zeitpunkt gewesen sein mag, als der große Unbekannte seinen Samen ergoss. Oder der kleine. Vergleichen ihre Termine mit Nicis. Genau wie ich. Und kommen, genau wie ich, drauf, dass sie zu dieser Zeit im selben Gästehaus waren.

Ich bleibe nur so ruhig, weil ich mir ständig was Feines aus Mamans Medizinschränkchen reinpfeife. Was für ein Glück, dass sie schon seit Jahren den Überblick über ihre Bestände verloren hat. Sie ist wirklich besser bestückt als die Apotheke am Gare du Nord. Nici und ich versuchen, den Alltag so gut wie möglich zu meistern. Er bleibt dabei, dass er es nicht war. Aber seit er zugegeben hat, dass sie auf der Brüssel-Reise heimlich in der Toilette des Atomiums geknutscht haben – was lange vor meiner Zeit war, nämlich zwei Wochen –, sehe ich mein Grundmisstrauen bestätigt. Es fällt mir sehr schwer, »normal« mit Nici umzugehen. So bin ich momentan sehr einsilbig ihm gegenüber. Die Tabletten tun ihr Übriges.

Apropos Übriges: Der Papst ist 'ne totale Pflaume. Ich habe keine Ahnung, ob der das Gleiche schluckt wie ich oder ob der von seinem Weihrauch so lulle ist, aber was für ein bräsiger Typ! Der alte Herr hat doch tatsächlich die Trennung von Staat und Kirche als »bedauerliche Wendung« bezeichnet und Nici aufgefordert, im Namen Christi »zusammenzuführen, was zusammengehört«. Der tickt doch nicht mehr ganz richtig. Leider hat Nici ihm das nicht gesagt. Wieder mal ganz Schleimer, hat er entgegnet, das sei eine gute Idee und man könne ja damit beginnen, eine »Volksbibel« als Postwurfsendung in den Banlieues verteilen zu lassen.

Mittwoch, 10. September

Du wunderst dich wohl schon, liebes Tagebuch, dass ich nichts mehr von Joseph schreibe. Um ehrlich zu sein, ich habe das Interesse an ihm verloren. Er ist zwar ein schlauer Kopf, und es ist auch ganz schön, mit ihm zu reden, aber irgendwie langweilt er mich auch. Ständig kommt er mit seinen blöden Blumen an und labert mich mit seinen Betrachtungen voll. Der ist so wenig handfest. Erst habe ich gedacht, wir küssen nicht, weil er so anständig ist, eine verheiratete Frau nicht anzurühren. Mittlerweile glaube ich, der will es überhaupt nicht. Ich interessiere ihn nur als Kopf. Als Charakter. Der hat nur Interesse an der wirklichen Carla, der Carla hinter der Maske. Ehrlich gesagt, ist mir das zu wenig.

Freitag, 12. September

Jean, unser Goldlöckchen, hat geheiratet. Das Mädel aus dem Elektromarkt. Wenigstens liegt er uns jetzt nicht mehr auf der Tasche. Ich war auch ganz die brave Stiefmutter und habe dem jungen Glück eine Überraschung spendiert. Als wir aus dem Standesamt kamen, standen 101 rosa eingefärbte Tauben bereit, in den Himmel zu fliegen und die Botschaft der Liebe zu verkünden. Dummerweise ist irgendetwas schiefgegangen. Als wir vor die Türe traten, lagen 17 schon tot in ihrem Käfig und 21 sind beim Aufsteigen zu Boden gefallen. Die, die es auf Flughöhe gebracht haben, sind wie betrunken durch die Gegend geflogen oder gegen den nächsten Mast geknallt. Nein, das war nicht schön. Aber alle haben die tolle Idee gelobt.

Wir haben bei dieser Gelegenheit das zweite in Frage kommende Double für Nici ausprobiert. Das war natürlich eine vollkommen dämliche Idee, weil man sehr wohl damit hätte rechnen können, dass Marie-Dominique, Nicis erste Frau, Jeans Mutter, auch da sein würde. Sie hat leider sofort gesehen, dass Fabienne Etui, so heißt der Doppelgänger, viel größere Füße hat als der Präsident, und hat einen Heidenaufstand gemacht, weil sie dachte, Nici würde sich mal wieder vor seinen Vaterpflichten drücken. Mir tat das für Monsieur Etui recht leid, denn er hat seine Sache wirklich gut gemacht und wäre ein perfekter Nici gewesen. Jetzt bleibt nur noch Klaus, ein Busfahrer aus Deutschland. Er kommt nächste Woche zum Casting.

M. D. ist übrigens eine total unscheinbare Person. Was Nici an der gefunden hat, keine Ahnung! Ich habe mich aber prächtig mit ihrem neuen Mann unterhalten. Ein großer Charmeur und ein Liebhaber teurer Uhren. Ganz mein Gebiet. Wir treffen uns nächste Woche zum Lunch.

Samstag, 27. September

Liebes Tagebuch, ich habe ein richtig schlechtes Gewissen, dass ich so lange nicht mehr geschrieben habe, zwei Wochen waren es fast. Aber ich habe mein Leben geändert. Ich habe versucht, die weltlichen Dinge fern von mir zu halten. Es war eine bewusste Entscheidung, denn ich musste mir über ein paar Sachen klar werden, die ich nur mit mir selbst verhandeln konnte. Nun bist Du natürlich ein Teil meiner selbst, mein Intimstes sozusagen, meine Blaupause, das belichtete Fotopapier, aber es war Teil der Auseinandersetzung, mich nicht in dieser Form auseinanderzusetzen, sondern anders.

Das Ganze habe natürlich nicht ich mir ausgedacht, das ist Teil des Shandrin-Medical-Spa-Konzeptes. Der ganzheitlichen Verknüpfung der medizinischen Rekonvaleszenz mit seelischer Reinigung. Sprich, da man mit Gesichtsverband sowieso nicht gut reden kann, nutzt man die Zeit zum konsequenten Klappehalten und geht in sich. 3.000 Euro kostet das Schweigen pro Tag. Ich habe mal gelesen, dass der Betreiber, ein Franzose, der in Nepal zum Medi-Meister geworden ist, gesagt hat: »Die Reichen wollen auch fürs Darben bezahlen. Sonst glauben sie nicht an den persönlichen Gewinn.« Das mag für manche stimmen, nicht aber für mich. Ich finde 3.000 Euro für warmes Wasser aus der Schnabeltasse und einen frischen Bademantel deutlich zu viel. Aber es ist der einzige Ort, an dem ich mir sicher sein kann, nicht auf Rachida Dati zu treffen. Denn 3.000 Euro für nichts, das muss man sich erst mal leisten können. Und Emporkömmlinge meinen immer, einen real vorhandenen Gegenwert einklagen zu können.

Viel wichtiger aber als die schlechten Gedanken über dumme andere sind die Gedanken über mich. Gedanken, die ich mir in der Zeit des Schweigens gemacht habe. Gedanken über mein Leben. Oder eben mein nicht vorhandenes Leben. Das Yang meines Lebens.

Denn natürlich hat mich die Sache mit Nicis möglicher Vaterschaft sehr mitgenommen. Aber es ist das eine, zu vermuten, er könnte der Vater von Rachida Datis Kind sein, und das andere, nicht sicher zu sein, dass er es nicht ist. Ich habe viel gezürnt die letzten Tage, meine Ungewissheit hat mich umgetrieben wie ein Stück Holz auf wogendem Meer. Es führt zu nichts, meine Gedanken um dieses Thema hier aufschreiben zu wollen. Es ist alles durchdacht, durchlebt, durchlitten. Ich lasse diese schlechte Energie jetzt los, gebe sie frei, wie man einen Luftballon in den Himmel aufsteigen lässt, dessen Band die Hand zuvor umklammert hat, und nehme die Dinge so, wie sie sind.

Nici sagt, er sei nicht der Vater, und das nehme ich ernst. Das glaube ich, weil ich das Gegenteil nicht beweisen kann. Wer bin ich denn, etwas anderes zu behaupten?!? Also bleibt alles, wie es ist: ich seine Frau, zumindest nach außen. Die innere Verbundenheit möge folgen, Shanti Sai!

Aber ich habe in der Zeit der inneren Einkehr die Fehler nicht nur bei den anderen gesucht. Ich bin auch sehr hart mit mir ins Gericht gegangen.

Ich habe mich nicht geschont. Wie gut, dass die Mullbinden so saugfähig waren und niemand meine Tränen, mein verquollenes Gesicht, meinen dicken Augen sah! Meine *Clearing thoughts* haben jeden Lebensbereich berührt, ich habe einen ganzen Katalog von Verhaltensänderungen, Rejustierungen, nach denen ich nun leben werde:

– Ich will mich beim Bäcker nicht mehr vordrängeln, nur weil ich Carla Bruni bin
– Ich will Jeans Ehefrau eine gute Schwiegermutter sein, auch wenn ich finde, dass er die Pest ist
– Ich will versuchen, mir ihren Namen zu merken
– Ich will mich nicht länger über Nicis Absätze lustig machen (die mit dieser urkomischen »Sieben Zentimeter in zwei Sekunden«-Werbung)
– Ich will nicht länger mein Auto auf den Behindertenplätzen parken, nur weil es mir egal ist, wenn das Abschleppen 200 Euro kostet
– Ich will Nici nicht länger den Rauch ins Gesicht blasen
– Ich will aufhören, meine Tampons absichtlich neben das Klo zu werfen
– Ich will Aurélien zweimal die Woche im Internat anrufen
– Ich werde freundlich zu Nicis Mutter sein (Dummerweise ist die Alte fast schwerhörig. Da muss man immer so schreien, das klingt dann noch künstlicher.)
– Ich möchte mich bei Enthoven-Senior entschuldigen, weil ich während unserer Beziehung mit seinem Sohn durchgebrannt bin
– Ich möchte mich bei Enthoven-Seniors-Schwiegertochter entschuldigen, weil ich mit ihrem Mann durchgebrannt bin
– Ich will versuchen, meine Unterhosen waschen zu lassen, statt sie wegzuwerfen
– Ich werde aufhören, Autoantennen abzubrechen.
– Ich werde meinen Sohn ausreden lassen
– Bei Nici werde ich versuchen, ihn nur jedes zweite Mal zu unterbrechen

- Ich werde die Parfums, die ich doppelt habe, Bedürftigen geben
- Ich werde meine Mutter zurückrufen und nicht immer nur behaupten, ich würde es tun
- Ich will jeden Bissen dreißig Mal kauen
- Ich werde aufhören, den Geschlechtsverkehr zu unterbrechen, wenn mein Handy klingelt
- Ich werde aufhören, meine Schwester als »marode« zu bezeichnen
- Ich werde aufhören, Rachida Dati mit verstellter Stimme anzurufen und ordinäre Sachen zu sagen
- Ich werde jeden Tag mit dem Sonnengruß beginnen
- Ich werde aufhören, mit Nici Englisch zu sprechen, nur um ihm meine Überlegenheit zu demonstrieren
- Ich will versuchen, das Personal nicht mehr anzuschreien, und mir ein anderes Wort für »Loser« suchen (das verstehen die eh nicht)
- Ich werde weniger Geld beim Friseur ausgeben
- Ich werde aufhören zu lachen, wenn Nici einen Wutanfall hat

Das sind nur ein paar Punkte, es gibt noch mehr Dinge, die ich ändern möchte. Aber ich habe erst einmal nur einen Teil aufgeschrieben, um mich nicht zu überfordern. Wenn ich mir zu viel vornehmen würde, würde ich wieder gar nicht erst anfangen.

So aber werde ich sehr schnell ein Erfolgserlebnis haben und mich gut fühlen. Das wird mir helfen, diese tiefen inneren Zweifel auszuschalten. Ich spüre, wie tief die Verletzung doch sitzt, die mir Datis Schwangerschaft zugefügt hat. Wie sehr der giftige Pfeil ihrer Empfängnis mein Fleisch durchbohrt. Die Möglichkeit von Nicis Vaterschaft zum einen – die Demonstration der Fruchtbarkeit einer Frau, die deutlich älter ist als ich, zum anderen. Da nicht mithalten zu können, jetzt nicht auch ein kommendes Kind vorweisen zu können ist ein Punkt, der mich auf eine Position wirft, die ich nur schwer wieder wettmachen kann. Zumal alle um meinen Kinderwunsch wissen, ist es eine große öffentliche Demütigung, nun ohne Baby zu bleiben. Fast fühle ich mich wie die erste Frau des Schahs oder des japanischen Kaisers, die auch täglich die Demütigung aufgrund ihrer ausbleibenden Schwangerschaft durch das Volk aushalten mussten. Nun denn, es ist ja noch nicht aller Tage Abend, und vielleicht schaffe ich es ja doch noch, Rachida auf ihren Platz im Society-Poker zu verweisen. Wer weiß, ob sie sich da nicht vertut, wenn sie meint, der Trumpf sei ihrer …

So, liebes Tagebuch, genug der Andeutungen, ich muss mich jetzt mal den ganz naheliegenden Dingen widmen, meinem Alltag. Erstaunlicherweise bin ich zurzeit ja doch wieder stark im Gespräch und habe einige Anfragen für Auftritte. Natürlich sage ich die meisten ab. Aber dies wird meine erste Übung sein: es freundlich zu tun. Es reicht völlig aus, meine Verwunderung über die Einladung zu äußern, da ich ja ein gewisses Niveau habe, und darauf zu verzichten, sie zu fragen, wie sie auch nur auf die Idee kämen, ich würde eine Veranstaltung wie die ihre besuchen.

Shanti Sai!

Montag, 29. September

Das ganze Programm ist großer Schwachsinn! Ich habe nun schon vier Dinge angewendet (Personal nicht so schnell anschreien, keine Behindertenparkplätze zuparken, Unterhosen zum Waschen geben, Nici nicht mehr auslachen), aber meine Aura verändert sich gar nicht. Seit der Operation habe ich so einen Griesgrämig-Look, der einfach nicht weggeht. Mein Karma muss auch beschissen sein. Maman hat mir durchs Telefon versichert, ich sei so verzogen wie eh und je.

Oktober

Ich mit Ring (hab ihn jetzt, zum Jahrestag, wieder rausgekramt)

Oktober

Liebes Tagebuch, ich habe die letzten Tage so sehr an meiner Ehe gezweifelt. Und vor allem an Nici. Nicht nur, weil er so klein ist, sondern vor allem, weil ich nicht weiß, ob ich ihm wirklich trauen kann. Ich habe schon so manches Mal böse Gerüchte gehört, er würde mich nur benutzen und sein Herz gehöre in Wahrheit seiner langjährigen Mätresse, der er an der Küste eine Wohnung eingerichtet habe. Auch habe ich manches Mal gedacht, unsere Beziehung sei wirklich in erster Linie eine PR-Veranstaltung. Das ausgebuffte Gebilde zweier Menschen, die sich kongenial ergänzen: Ich bringe seine Werte hoch, bin das Nummerngirl, die Kleiderpuppe, das Intellektchen, das er braucht, um auf dem politischen Parkett zu glänzen, wenn nicht gar zu verbleiben. Er hingegen liefert mir ein Leben, das ich trotz meiner Herkunft, meines Geldes und meiner Beliebtheit ohne ihn nicht leben kann. Ein Leben, für das kein Musiker prominent genug, kein Milliardär reich genug, kein Philosoph sexy genug ist: ein Leben auf der internationalen Bühne der Staatsoberhäupter. Denn das ist so ziemlich das Einzige, was sich nicht kaufen lässt. Aber dann wieder spüre ich, erfühle ich intuitiv, dass unsere Liebe eine echte, eine ganz, ganz große ist. Eine über die Grenzen, die körperlichen und die rationalen, hinweg.

Dass ich mir da so sicher bin, obschon ich gerade in den letzten Tagen sehr an Nicis Aufrichtigkeit, seiner Loyalität, seiner Treue, Verbundenheit, seiner Redlichkeit, seiner Verlässlichkeit, Ehrlichkeit, Standhaftigkeit (nur im übertragenen Sinne), Verbindlichkeit und seinem guten Geschmack gezweifelt habe, liegt an einem Traum, den ich hatte. Es war ein Traum, aber es war auch mehr als das. Es war eine Vision. Es war Wissen. Das intuitive Erfühlen dessen, was in der Tiefe vorhanden ist, ohne dass es an der Oberfläche erscheint. Etwas, das tief im Salzstock unserer unerklärbaren Gefühle eingelagert ist.

Also, ich habe unseren ersten Jahrestag geträumt. Den 14. November. Den Tag, an dem wir uns begegneten. Ich habe geträumt, dass es erneut Jacques Séguéla war, der als Gastgeber eingeladen hatte. Der Traum spielte in einem riesigen Raum, mit viel Licht und großen Scheinwerfern, einer Art Fernsehstudio. Nici und ich saßen als Ehrengäste auf einem roten Samtsofa. Nein, wir waren nicht die Ehrengäste, wir waren die Hauptakteure, denen die anderen huldigen sollten. Und so war es dann auch. Angekündigt von Jacques Séguéla kamen jene Menschen unter der Begleitung eines Swing-Orchesters die große Showtreppe herunter, die im letzten Jahr eine Rolle in unserem Leben, in unserer Ehe gespielt haben. Das Ganze war eine Live-Sendung und wurde dem Volk in die Wohnzimmer übertragen.

Als Erstes kam leider meine Mutter, die zu sehen wirklich keine große Freude für mich war. Sie hat dann auch tatsächlich in die Kamera gesagt, dass sie nun froh sei, dass sich jemand anders mit meiner Flatterhaftigkeit herumplagen müsse, und dass sie wisse, dass das keine leichte Aufgabe sei. Und wenn sie auch fände, dass Nici ein Gernegroß und ein eitler Fatzke sei, so sei er doch der Richtige für diese Aufgabe, weil nur jemand, der noch eingebildeter sei, als ich es bin, mich zur Räson bringen könne. Bei diesen Worten ging die Kamera auf Nicis Mutter, die im Publikum saß und Ungarn-Fahnen schwenkte. Als Zweiter kam Gaddafi und brachte schon wieder so einen scheußlichen Teppich mit. »Eine Brücke der Liebe«, sagte er, und als Séguéla ihn fragte, warum wir die bräuchten, sagte er, er wisse, dass wir die andere »eingesudelt« hätten, und von daher freue es ihn, dass seine Geschenke bei uns auch Verwendung fänden. Nach Gaddafi erschien Victoire de Castellane und entschuldigte sich dafür, dass ich den gleichen Ring bekommen hätte wie Nicis Ex. Das fand ich sehr süß, zumal sie als Designerin ja nichts dafür kann. Ich hatte dann auf einmal einen Picknickkorb für sie und damit ist sie nach hinten abgetreten. Nicis Freunde, Arnaud Lagardère, Martin Bouygues und Vincent Bolloré, hatten etwas einstudiert und traten als die »Lido-Sisters« Cancan tanzend auf einer Bühne auf. Komischerweise hatten sie aber nicht die typischen Cancan-Röcke an, sondern so Travestieklamotten mit vielen bunten Federn am Po. Das war sehr lustig, zumal Arnaud sich die Beinhaare in Neonfarben eingefärbt hatte, links grün, rechts pink, und immer wenn das Licht ausging so eine Art Glühwürmchensäulen herumtanzten. Es kamen dann noch die Königin von England und die Farc-Geiseln, Nicis Personal-Trainer und die Grimaldis (was mir sehr peinlich war, weil ich ihre Einladung zum Grillen immer noch nicht erwidert habe) und Mama Obama. Sie alle waren sehr nett und brachten Geschenke und Blumen. Auf unsere Kinder hatte man verzichtet, um sie nicht so der Öffentlichkeit auszusetzen, aber sonst waren wirklich viele da, die uns mögen. Komischerweise erschien aber auch dieser durchgeknallte Wolfgang Joop in der Sendung. Er war wohl eher als Werbeunterbrechung eingeplant, weil er sein neues Parfum an den Mann bringen wollte. Er trug einen Fatsuit und hatte eine Pudel-Nummer einstudiert. Die dummen Viecher wollten aber nicht so wie er, und so musste er ohne Applaus von der Bühne gehen.

Dann passierte etwas Eigenartiges: Nici und ich hatten die ganze Zeit beieinandergesessen und uns an den Händen gehalten. Wir waren ganz glücklich und freuten uns, wie gut wir es miteinander haben, und darüber, dass alle so viel Anteil an unserer Liebe nehmen. Da saßen wir auf einmal an einem Tisch, und ich merkte, wie etwas zwischen meinen Beinen war. Das war Joseph, der mich oral befriedigen wollte. Ich war kurz irritiert, aber Nici hat das gar nicht mitbekommen, weil er so begeistert bei dem Auftritt der Élysée-Küchenmannschaft mitgeklatscht hat, die Desireless' *Voyage Voyage* gesungen hat. Nachdem Joseph fertig war, war dann auch bald Schluss. Techniker kamen und haben angefangen abzubauen und die Requisiten wegzutragen, und Jacques Séguéla hat abmoderiert. Wir sind dann alle noch was trinken gegangen, und Nici und ich sind ganz selig im Auto nach Hause gefahren. Erst wollten wir uns noch im Auto lieben, aber dann haben wir gemerkt, dass es darum nicht geht. Dass es nicht die körperliche Vereinigung ist, sondern die seelische. Die tiefe Verbundenheit zweier Menschen, die ein Ziel haben: sich.

Ich weiß, liebes Tagebuch, der Traum ist an manchen Stellen etwas krude, und auch ist mir unklar, warum auf der Leuchttafel-Wand »Carlas Ex« gleich fünfmal Eric Clapton aufblinkte, aber nicht einmal sein Bruder. Aber eines hat mir der Traum ganz, ganz deutlich gezeigt: Wie sehr Nici und ich zusammengehören, wie sehr wir unter der Oberfläche der Inszenierung miteinander verknüpft sind. Zwei miteinander verwachsene Herzen im Puls einer großen, großen Liebe.

Dank an Eva, der Cousine meines Herzens